Peter Güthler (Hrsg.)

Neue Hoffnung gefunden

erlebt – erzählt:
Berichte von Menschen,
die im Leid Gott begegneten

Peter Güthler (Hrsg.)

Neue Hoffnung gefunden

Berichte von Menschen, die im Leid Gott begegneten

erlebt – erzählt

Peter Güthler (Hrsg.)
Neue Hoffnung gefunden
Berichte von Menschen,
die im Leid Gott begegneten

Bestell-Nr.: 271.325
ISBN: 978-3-86353-325-0

1. Auflage

www.cv-dillenburg.de
Satz und Umschlaggestaltung:
Christliche Verlagsgesellschaft Dillenburg
Umschlagmotiv: © Shutterstock.com/jakkapan
Druck: GGP Media GmbH, Pößneck
Printed in Germany

INHALT

VORWORT

Niemand musste Jesus erzählen, wie es im Herzen der Menschen aussah, „denn er erkannte von sich selbst aus, wie es innerlich mit jedem Menschen stand“ (Joh 2,25, MeÜ). Bei mir ist es anders: Ich kenne weder deine Umstände, noch die Gründe, die dich dazu bewogen haben, dieses Buch aufzuschlagen.

Vielleicht steckst du selbst gerade in schwierigen Lebensumständen, und die Wellen des Leids sind über dich hereingebrochen: eine alarmierende Diagnose, eine gescheiterte Beziehung, ein unerreichtes Lebensziel oder irgendeine andere persönliche Katastrophe, die dir den Boden unter den Füßen weggezogen hat. Du sehnst dich nach Trost und Hoffnung, nach Frieden und Geborgenheit – nach Antworten für dein Herz.

Oder du bist bedrückt von dem Leid, das andere in ihrem Leben erfahren: der Krebserkrankung eines Arbeitskollegen, der Alkoholsucht eines Nachbarn, der Scheidung eines befreundeten Ehepaares oder der Not der vielen Namenlosen, mit deren Schicksal du in den Medien konfrontiert wirst. Dein Verstand ringt nach Antworten auf die Fragen: „Woher kommt das Leid? Und warum lässt Gott es zu?“ In diesem Buch findest du beides:

Hoffnung für das Herz: Eine taubblinde Frau namens Helen Keller (1880–1968) stellte einmal fest: „Die gesamte Welt ist erfüllt von Leid. Aber sie ist auch erfüllt von Menschen, die das Leid überwinden.“ Gott will dir helfen, ein solcher Mensch zu werden. Er lässt dich in deiner Not nicht allein! Die Bibel ist voller Verheißungen für den, der seine Zuflucht bei ihm sucht; einige von ihnen lernst du auf den folgenden Seiten kennen. Und du begegnest Menschen, die selbst durch Leid gegangen sind. Sie haben sich nicht verbittert von Gott abgewandt, sondern ihn vielmehr gefunden – manchmal während des Leidens, manchmal erst Jahre später. Sie bezeugen: Gott steht auch heute noch zu seinen Verheißungen! Er greift aktiv in dein Leben ein und schenkt neue Hoffnung – wenn du ihn lässt.

Antworten für den Verstand: Wenn dein Verstand dringender nach Antworten verlangt als dein Herz, solltest du dich zunächst mit diesem Teil beschäftigen. Um es gleich vorweg zu sagen: Auf dieser Seite der Ewigkeit wirst du nicht auf jede Frage nach dem Leid eine Antwort erhalten. Und doch erklärt Gott viele Zusammenhänge in seinem Wort, der Bibel. Er sagt dir z. B., wann das Leid seinen Anfang genommen hat, wer dafür verantwortlich ist und was er selbst getan hat, um das Problem zu lösen – für immer zu lösen. Um diese Art von Antworten – Antworten für den Verstand – geht es im zweiten Teil des Buches.

Leid kann dich weiter von Gott entfremden, als du es vielleicht sowieso schon bist; aber es kann dich auch näher zu ihm hinführen – näher, als du es jemals warst. Letzteres ist auch die Absicht dieses Buches.

Peter Güthler

Teil 1

HOFFNUNG FÜR DAS HERZ

Gott im Leid begegnen

Wer von allen Seiten bedrängt ist, richtet seinen Blick unwillkürlich nach oben. Schmerzhafte Lebenserfahrungen sind deshalb auch eine Gelegenheit, Gott zu finden. Vielleicht ist es in deinem Leben der Anblick eines Grabes, der dir unsagbare Schmerzen bereitet. Oder eine ernsthafte Erkrankung. Oder eine zerbrochene Beziehung. Oder ein gekündigter Arbeitsvertrag. Was auch immer deine Not sein mag: Bei Gott bist du an der richtigen Adresse!

Gottes Tür steht offen

„Wirf auf den HERRN deine Last", heißt es in Psalm 55,23. „Der Gott, der die Welt gemacht hat und alles, was darin ist, er, der Herr des Himmels und der Erde" (Apg 17,24) – er hat Interesse an deiner Not!

Zu ihm darfst du so kommen, wie du bist: schmutzig und zerzaust, verwirrt und verwundet. Er ist ein Gott, „der allen willig gibt und nichts vorwirft" (Jak 1,5). „Bittet, und es wird euch gegeben werden", verspricht Jesus in Lukas 11,9, „sucht, und ihr werdet finden; klopft an, und es wird euch geöffnet werden!" Nichts kann Gott überfordern, denn „er ermüdet nicht und ermattet nicht" (Jes 40,28).

Ich muss an die Freiheitsstatue im Hafen von New York denken. Seit ihrer Einweihung im Jahr 1886 lockt sie mit ihrer hoch erhobenen Fackel Millionen von Menschen an, die in der „Neuen Welt" ihre Zuflucht suchen. Am Sockel des Monuments stehen die bewegenden Worte der Dichterin Emma Lazarus (1887–1949):

„Gebt mir eure Müden, eure Armen, eure geknechteten Massen, die frei zu atmen begehren, den elenden Unrat eurer gedrängten Küsten. Schickt sie mir, die Heimatlosen, die vom Sturm Getriebenen!"

Genau das tut Jesus! Er steht an deinem Lebensweg und ruft dir zu: „Komm zu mir, wenn du erschöpft und niedergeschlagen bist! Bei mir bist du gut aufgehoben!" (vgl. Mt 11,28). Seine Tür steht offen. Zu jeder Zeit. Auch für dich.

Gott schenkt Geborgenheit

Eva Fellinger war schwerstbehindert und weder in der Lage, sich selbst zu waschen, noch allein auf die Toilette zu gehen. Sogar beim Essen war sie auf die

Hilfe anderer angewiesen. Aber trotz ihrer Behinderung führte sie ein erfülltes Leben, weil sie sich in Gottes Hand geborgen wusste.[1] Der österreichische Liedermacher Andreas Zachhuber widmete ihr ein Lied mit dem Titel *Getragen*:

„Ein Leben lang auf andre angewiesen sein. Der Alltag meist voll Mühe und Verzicht. Und dennoch keine Bitterkeit im Herz. Trotz vieler Fragen – Gott gibt dem Leben Sinn!

Die Freude strahlt aus ihren Augen, mit Dankbarkeit wird jeder Tag gelebt. Die Zukunft ruht in Gottes guter Hand. Sie betet viel – Gott hört und versteht."

Im Refrain des Liedes heißt es: „In seinen Armen stets geborgen. Versteckt im Schatten seiner Hand. Ein ganzes Leben lang getragen, für immer in seiner Hand."

Der Prophet Jesaja bezeugt: „Du bist dem Geringen eine Festung gewesen, eine Festung dem Armen in seiner Bedrängnis, eine Zuflucht vor dem Wolkenbruch, ein Schatten vor der Hitze" (Jes 25,4). In der Finsternis einer Depression, der Einsamkeit eines Krankenzimmers oder der Trauer, wenn der Platz an deiner Seite plötzlich leer ist: „Er ist ein Zufluchtsort am Tag der Bedrängnis" (Nah 1,7). Auch dich will er bergen in seiner Hütte am Tag des Unheils, dich verbergen im Versteck seines Zeltes (vgl. Ps 27,5)!

Gott schenkt Trost

Menschen sind oft überfordert, wenn du mit deiner Not zu ihnen kommst – entsprechend schwach fällt auch ihr Trost aus. David, aus dessen Feder zahlreiche Lieder und Gebete des Alten Testaments stammen, machte die Erfahrung: „Ich habe auf Mitleid gewartet – aber [da war] keins; und auf Tröster, aber ich habe keine gefunden“ (Ps 69,21). Gott hingegen „speist dich nicht mit ein paar Floskeln aus der Trostschatulle ab: ‚Mach dir nichts draus!‘ – ‚Nimm‘s nicht so tragisch.‘ – ‚Es wird schon wieder werden ...‘“[2] Er weiß, wie du dich fühlst, denn in der Person von Jesus Christus wurde er selbst zum „Mann der Schmerzen und mit Leiden vertraut“ (Jes 53,3). Es gibt keinen Kummer, den er nicht erfahren, keine Enttäuschung, die er nicht erlebt, keine Wüste, die er nicht schon durchschritten hätte.

Er ist der „Gott alles Trostes, der uns tröstet in all unserer Bedrängnis“ (2Kor 1,3-4). „Wie einen, den seine Mutter tröstet, so will ich euch trösten“, verspricht Gott in Jesaja 66,13. Jemand sagte einmal: „Manchmal beruhigt Gott den Sturm. Ein anderes Mal lässt er den Sturm toben und beruhigt sein Kind.“ Das will er auch mit dir tun.

Einmal hielt eine Frau ihre weinende Tochter in den Armen. Bald beruhigte sich die Vierjährige unter ihren Liebkosungen. Aber auch die Frau selbst war traurig, weil ihre Mutter vor Kurzem gestorben war. Das kleine Mädchen sah ihre feuchten

Augen und fragte: „Mama, willst du auch gehalten werden?“ Als die Tränen der Mutter dann erst recht flossen, flüsterte das Mädchen zuversichtlich: „Mama, Gott wird dich halten!“[3]

Gott schenkt Hilfe

Nicht immer führt Gott am Leid vorbei, aber immer hilft er hindurch. „Meine Hilfe [kommt] vom HERRN, der Himmel und Erde gemacht hat“, heißt es in Psalm 121,2. „Der Herr ist voller Mitgefühl und Erbarmen“ (Jak 5,11, NeÜ). „Er gibt dem Müden Kraft und dem Ohnmächtigen mehrt er die Stärke“ (Jes 40,29), er sieht deine Tränen und hört dein Gebet (vgl. Jes 38,5). Er ist wie der Samariter in Lukas 10, der „innerlich bewegt“ war, als er den Überfallenen am Weg liegen sah: „Und er trat hinzu und verband seine Wunden und goss Öl und Wein darauf; und er […] führte ihn in eine Herberge und trug Sorge für ihn“ (Lk 10,33-34). In Psalm 50,15 lädt er dich ein: „Rufe mich an am Tag der Not, so will ich dich erretten.“

Der Reformator Martin Luther (1483–1546) war überzeugt: „Zeit, Weise und Wege der Hilfe Gottes müssen wir ihm überlassen. Aber dass Gott uns zur rechten Stunde helfen wird, das wissen wir, steht fest.“ Selbst aus negativen Erfahrungen kann er Dinge hervorbringen, die sich positiv auf dich auswirken. Der Apostel Paulus schreibt an die Gläubigen in Rom: „Wir wissen aber, dass denen, die Gott lieben, alle Dinge zum Guten mitwirken, denen, die nach [seinem] Vorsatz berufen sind“ (Röm 8,28). Vielleicht wendest du jetzt ein: „Aber mein Leben gleicht einem Scherbenhaufen!“ Mag sein. Doch du wirst staunen, was Gott aus den Bruchstücken deines Lebens machen kann, wenn du sie ihm ganz überlässt!

Gott schenkt Hoffnung

Jesus Christus wurde Mensch und ertrug großes Leid, damit dein Leid nicht ewig andauert. Er starb an einem Kreuz, er, „der Gerechte für die Ungerechten, damit er uns zu Gott führe“ (1Petr 3,18). Wenn du dein Vertrauen auf ihn setzt, schenkt er dir „ewiges Leben“ (Joh 3,36) und eine neue, lebendige Hoffnung (vgl. 1Petr 1,3), „und in dieser Hoffnung werden wir nicht enttäuscht“ (Röm 5,5, NeÜ). – Auf welche Weise auch du diese Hoffnung bekommen kannst, erfährst du im zweiten Teil des Buches, *Antworten für den Verstand.*

Auch den letzten Weg will Gott mit dir gehen. Der Theologe Theodor Christlieb (1833–1889) betete: „Herr Jesus, von allem müssen wir einmal Abschied nehmen, nur nicht von dir.“ David war sich sicher: „Auch wenn ich wandere im Tal des Todesschattens, fürchte ich kein Unheil, denn du bist bei mir; dein Stecken und dein Stab, sie trösten mich“ (Ps 23,4). Im Himmel wird Gott schließlich alle Tränen abwischen: „Der Tod wird nicht mehr sein, noch Trauer noch Geschrei noch Schmerz wird mehr sein; denn das Erste ist vergangen“ (Offb 21,4). Günter Gschwendtner, der selbst durch Zeiten des Leids gegangen ist, singt in einem Lied:

„Der Tod ist nur das Eintrittstor in eine bess're Welt, ohne Tränen ohne Leid ohne Schmerzen noch Traurigkeit; einer Welt, wo Jesus selbst unsre Sonne ist, wo man in seiner Gegenwart alle Zweifel vergisst."[4]

Gott fängt dich auf

Ich las von einer Frau, die alleine mit ihrer Cessna 150 unterwegs war. In fast 2000 Metern verlor sie die Kontrolle über ihr Flugzeug und die Maschine begann, sich heftig zu drehen und an Höhe zu verlieren. Nach anfänglicher Panik erinnerte sie sich an eine Anweisung ihres Fluglehrers: „Sollte sich deine Cessna 150 zu drehen beginnen, nimm die Hände von den Bedienelementen. Die Maschine ist so gebaut, dass sie alleine fliegen kann." Einige Male musste sich die Pilotin selbst Mut zusprechen – „Lass los!" – bis sie es schließlich schaffte, die Hände von den Bedienelementen zu nehmen. Und tatsächlich: Nach einigem Ruckeln und Reißen kehrte das Flugzeug auf seine waagrechte Flugbahn zurück! Es war beinahe einen Kilometer tief gefallen, aber die Pilotin überlebte, weil sie das Vertrauen gehabt hatte, loszulassen.[5]

Die Erfahrung dieser Frau illustriert, was es bedeutet, Gott in einer Krisensituation zu vertrauen. Bist auch du bereit, dich in Gottes Arme fallen zu lassen? Die Menschen, deren Lebensgeschichten du auf den folgenden Seiten kennenlernen wirst, sind es gewesen.

Lebensberichte: Neue Hoffnung gefunden

STEFFI SCHWALB

„Nun komm endlich in die Gänge!"

Ein zerbrochenes Zuhause

Ich wurde 1988 in Pforzheim geboren. Die ersten Jahre meines Lebens wuchs ich zusammen mit meinem drei Jahre älteren Bruder bei meinen Eltern auf. Schon als kleines Kind bekam ich mit, wie sich Papa und Mama oft stritten und sich immer mehr auseinanderlebten. Als ich sieben Jahre alt war, ließen sie sich scheiden. Das war für mich eine schlimme Erfahrung. Das Haus wurde verkauft und meinen Vater sah ich von da an nur noch selten, bis der Kontakt zu ihm und dem Rest der Verwandtschaft zeitweise ganz abbrach. Mama betrieb eine Gastronomie und für uns Kinder hatte sie jetzt nicht mehr viel Zeit. Oft half ich in der Gaststätte mit oder kümmerte mich um den Haushalt.

Schon als Kleinkind hatte ich die ersten gesundheitlichen Probleme. Obwohl ich – wie man meinte – gesund zur Welt gekommen war, merkte meine Mutter schon bald, dass meine Gesichtsmimik schwächer wurde. Sie brachte mich zu verschiedenen Ärzten, von denen aber keiner herausfinden konnte, woran es lag. Nach der Trennung meiner Eltern litt ich zudem an einer starken Neurodermitis, nahm immer mehr ab und begann mit Nägelkauen. Die Ärzte meinten, das alles seien psychische Folgen der Trennung meiner Eltern.

In der Schwarzwaldklinik

Meine Mutter nahm schließlich Kontakt mit einer psychiatrischen Kinderklinik im Nordschwarzwald auf, wo ich für ein halbes Jahr stationär aufgenommen wurde. Die Ärzte und Psychologen beurteilten sowohl meinen Allgemeinzustand als auch mein Essverhalten als normal und hofften, es werde mir besser gehen, wenn ich die Schcidung meiner Eltern überwunden hätte. Tatsächlich heilte die Neurodermitis wieder ab, und auch mit dem Nägelkauen konnte ich von einem Tag auf den anderen aufhören. Trotzdem geschahen mit meinem Körper Dinge, die nicht normal waren, z. B. krümmte sich mein Rücken immer weiter nach vorne. Weil sich meine Mutter nicht mehr zu helfen wusste, wandte sie sich erneut an die Klinik. Und so begann mit elf Jahren mein zweiter Klinikaufenthalt.

Es war eine schreckliche Zeit. Auch diesmal führte man die Symptome auf eine gestörte Psyche zurück. Obwohl ich keine Probleme mit dem Essen hatte, hielten sie den Gewichtsverlust für die Folge einer frühkindlichen Essstörung. Wenn ich die vorgeschriebene Portion nicht schaffte, wurde mir eine Magensonde gelegt. Das tat sehr weh, aber wenn ich mich dagegen wehrte, hielten sie mich fest und drückten mir den dicken Schlauch in die Speiseröhre. Irgendwann war mein Hals wund und blutig – und das, obwohl ich ja essen und zunehmen wollte! Aber es ging einfach nicht.

Sogar der Kontakt mit meiner Mutter wurde mir verboten. Es war wie in einem Albtraum. Mit elf Jahren hatte ich schon so viel Leid erlebt, dass ich wünschte, man würde mich endlich in Ruhe lassen.

Mein Weg ins Allgäu

Irgendwann waren die Fachleute in der Klinik mit ihrem Latein am Ende. Aus medizinischer Sicht sei ich gesund – das hätten sie ja immer und immer wieder überprüft. Mein leicht nach vorne gebogener Rücken sei eine Folge meines Untergewichts, wobei sie sich nicht erklären konnten, warum ich nicht an Gewicht zunahm. Vielleicht wurde ich nur deshalb nicht gesund, weil ich in der Heimat zu sehr an meine familiäre Vergangenheit erinnert würde. Ich müsse weg von zu Hause, folgerten sie, weg von meiner Familie und der kaputten Lebenssituation.

In dieser Zeit gab mir mein Arzt einen Prospekt von einer betreuten Wohngemeinschaft im Allgäu. Die Einrichtung kümmere sich u. a. um junge Mädchen mit familiären Problemen, erklärte er. Als ich sah, dass es sich um einen Hof mit Pferden handelte, wollte ich unbedingt hin! Ein Besuch bestärkte mich in diesem Wunsch, und weil gerade ein Platz frei wurde, zog ich auch schon bald um. So verschlug es mich im Alter von zwölf Jahren ins Allgäu. In der WG lebte ich mich schnell ein. Ich ging zur Schule und in meiner Freizeit durfte ich reiten und voltigieren (turnen auf dem Pferd).

Spirale nach unten

Während der nächsten zwei Jahre verschlimmerte sich mein Gesundheitszustand weiter. Mein Größenwachstum war zwar normal, aber ich legte nicht im gleichen Maß an Gewicht zu. Auch die Gesichtsschwäche war geblieben, und mein Rücken bog sich immer weiter nach vorne. Aber es sollte noch schlimmer kommen: Als ich eines morgens meine Kleider aus dem oberen Schrankfach holen wollte, stellte ich plötzlich fest, dass ich keine Kontrolle mehr über meine Oberarme hatte. Ich konnte sie zwar heben, aber sie fielen wieder herunter. Ich war schockiert! Sechs Wochen später hatte sich meine Oberarmmuskulatur komplett zurückgebildet. Noch immer schoben die Ärzte meine Probleme auf die Psyche und behaupteten, es läge an meinem mangelnden Willen. Zu dem Zeitpunkt war ich 14 Jahre alt und befand mich wieder in psychologischer Behandlung.

Nach meinem Schulabschluss – ich war 15 – begann ich eine Ausbildung zur Kinderpflegerin. In dieser Zeit konnte ich meinen rechten Fuß nicht mehr richtig anziehen. Ähnlich wie bei den Oberarmen verschlimmerte sich auch dieser Zustand rapide. Zuerst war ich froh, dass nur *eine* Seite betroffen war, aber kaum war der rechte Fuß lahm, passierte das Gleiche mit dem linken. Von da an konnte ich mich nicht mehr normal fortbewegen und musste beim Gehen die Beine hochwerfen, weil ich sonst hingefallen wäre. Die WG-Betreuerinnen waren mit der Situation überfordert und verließen sich auf die Aussagen der Ärzte, die von einer Essstörung sprachen. Als meine motorischen Fähigkeiten weiter nachließen, drängten sie mich deshalb dazu, ich solle nun endlich „in die Gänge kommen". Trost von meinen Eltern blieb mir in dieser Situation versagt. Die Beziehung zu meiner Mutter war in diesen Jahren recht schwierig. Zeitweise schien es gut zu gehen, aber dann hatten wir wieder Streit und brachen den Kontakt für längere Zeit ab. Zu meinem Papa hatte ich nach wie vor überhaupt keinen Kontakt.

Bei alledem fiel mir auf, dass Mädchen mit *tatsächlichen* Essstörungen ganz anders waren als ich. Während sie z. B. Angst vor einer Gewichtszunahme hatten, hätte ich beinahe alles dafür gegeben, um endlich zunehmen zu können! Außerdem hatte nur ich einen verbogenen Rücken, eine Gesichtsschwäche und nicht mehr funktionierenden Arme und Füße. Immer weniger konnte ich glauben, dass ich diese Dinge selbst verursacht haben sollte.

Erste Begegnung mit der Guten Nachricht

Nach der Kinderpflegeschule hatte ich eigentlich eine Ausbildung zur Erzieherin beginnen wollen. Aufgrund meiner körperlichen Verfassung gab ich dieses Vorhaben jedoch auf und jobbte stattdessen für ein Jahr in einem Altenheim. Damals wohnten in der WG zwei Mädchen, die mir von Gott erzählten. Die eine sprach über ihn, während wir im Gelände ausritten; die andere las mir und einer anderen Mitbewohnerin aus der Bibel vor und erzählte uns von Jesus und vom Beten. Es waren meine ersten Gespräche über den christlichen Glauben.

Als mein 18. Geburtstag näherrückte, gaben mir meine Betreuerinnen zu verstehen, dass ich mich jetzt schleunigst zusammenreißen müsse, sonst müsse ich selbst schauen, wie ich zurechtkäme. Das machte mir eine riesige Angst! Ich hatte keinen Kontakt zu meiner Familie, keine berufliche Perspektive und auch meine gesundheitliche Situation war ungewiss – und jetzt wollte sich auch noch die Wohngemeinschaft gegen mich stellen? Ich war am Ende. Da geschah plötzlich etwas Ungewöhnliches: Wenige Wochen vor meinem 18. Geburtstag begann ich, an Kraft und an Gewicht zuzunehmen, ohne dass ich etwas anders gemacht hätte! Von Woche zu Woche nahm ich zu: erst ein Kilo, dann zwei, dann drei und vier – genau dass, was ich mir immer wieder erträumt hatte! Doch leider hielt der Traum nicht lange an, und genauso schnell, wie ich an Gewicht zugelegt hatte, nahm ich auch wieder ab. Innerhalb weniger Tage waren sowohl die Kilos als auch die zurückgewonnene Kraft wieder weg. Ich hatte keinen Appetit mehr und konnte nicht mehr essen. Es passierte einfach so, ohne dass ich etwas dagegen tun konnte.

Erneute Anschuldigungen

Meine Ärzte und Betreuer hatten sich über die positive Entwicklung gefreut und gehofft, ich würde nun endlich etwas unternehmen, um meine Situation zu verbessern. Als die Spirale wieder nach unten ging, waren die Konflikte dafür umso größer. Eines Tages flüchtete ich verzweifelt in mein Zimmer, knallte die Tür hinter mir zu und warf mich zum ersten Mal in meinem Leben vor Gott auf die Knie. Von ganzem Herzen schrie ich zu ihm: „Hilf mir! Ich weiß nicht mehr weiter! Ich kann nicht mehr! Ich muss endlich wissen, was mit mir los ist! Wieso kann ich nicht zunehmen?"

Nach diesem Erlebnis ging es mir psychisch sehr schlecht. Ich wurde ins Krankenhaus nach Kempten eingewiesen, wo man mich noch einmal von

Kopf bis Fuß untersuchte. Bei einer Gastroskopie kam heraus, dass mein Magen stark entzündet und mit schwarzen Flecken übersät war. Das schien der Grund für meine Appetitlosigkeit zu sein. Ich äußerte die Vermutung, dass das Problem durch die psychischen Belastungen der letzten Wochen ausgelöst worden sei. Aber die einhellige Meinung lautete weiter, ich sei selbst an meiner Misere schuld. Wieder schrie ich zu Gott: „Bitte hilf mir! Sag mir doch, was los ist!"

Dem Problem auf der Spur

In meiner Verzweiflung wies ich mich selbst in die *Klinik für Psychiatrie, Psychotherapie und Psychosomatik* in Kaufbeuren ein. Dort wurde ich zunächst ausführlich befragt. Man beobachtete mein Essverhalten und schickte mich zu zahlreichen Untersuchungen. Mein Essverhalten sei nicht das Problem, hieß es schließlich, und meine körperlichen Auffälligkeiten müssten eine andere Ursache haben. So seltsam es klingen mag: Diese Diagnose klang wie Musik in meinen Ohren! Endlich glaubte mir jemand! Dass dies eine direkte Antwort auf mein Gebet war, verstand ich erst später.

Schon bald verlegte man mich in die Neurologie. Dort wurde ich über mehrere Tage von einer Oberärztin untersucht. Sie überprüfte die elektrische Leitfähigkeit zwischen Nerven und Muskeln, indem sie Nadeln in meine Muskeln stach. Immer wieder beobachtete ich, wie sie ungläubig den Kopf schüttelte. Nachdem sie den Chefarzt hinzugezogen hatte, schauten sie sich die Untersuchungsergebnisse gemeinsam an und fragten mich noch einmal nach meiner Vergangenheit und der Meinung der Ärzte, die mich bisher betreut hatten. Sie waren fassungslos, dass die Symptome auf eine frühkindliche Essstörung geschoben worden waren. Sie vermuteten eine Muskelkrankheit, zapften mir zehn große Ampullen Blut ab und schickten sie zur genetischen Untersuchung an die Uni-Klinik.

Um diese neuen Informationen zu verarbeiten, wurde ich zunächst wieder auf die psychiatrische Station verlegt. Das WG-Personal und die Besitzer des Hofs, die ja so etwas wie eine Familie für mich gewesen waren, hatten sich während meiner Zeit in Kaufbeuren nicht ein einziges Mal bei mir gemeldet. Als ich dort anrief, um von den Neuigkeiten zu berichten, meinten sie nur, es werde schon nicht so schlimm sein. Nach einigen Wochen wurde ich psychisch stabiler und kehrte in die WG zurück.

Die Diagnose

Gespannt wartete ich auf den Anruf des Chefarztes. Irgendwann fuhr ich dann mit einer Betreuerin nach Kaufbeuren. Der Mediziner blickte mich traurig an. „Unser Verdacht hat sich leider bestätigt“, sagte er. „Sie leiden an einer unheilbaren Muskelschwäche, durch die Ihre körperlichen Symptome ausgelöst werden. Weil die Muskeln erkrankt sind, können sie Nervenreize nicht mehr verarbeiten. Der Gewichtsverlust ist eine Folge der schwindenden Muskulatur, ebenso der nach vorne gebogene Rücken und die Funktionsausfälle.“ Dann erklärte er weiter, was er über *Muskeldystrophie* wusste, aber ich war so schockiert, dass ich ihm nicht mehr richtig zuhörte. „Kann man denn gar nichts tun, um den Muskelschwund aufzuhalten?“, fragte ich ihn. „Nein. Es gibt keine Heilung, und die Entwicklung lässt sich auch nicht aufhalten. Es wird immer schlimmer werden.“ Einerseits war ich froh, dass ich mich jetzt nicht mehr ständig vor anderen rechtfertigen musste; andererseits musste ich diese Diagnose erst einmal verarbeiten. Ich saß da und weinte bitterlich. All die schlimmen Jahre, angefangen von meiner frühen Kindheit bis jetzt, und es war kein Ende in Sicht! Vorbei der Traum, jemals wieder gesund zu werden! Alle meine Hoffnungen waren zerstört!

Ich war voller Angst, Schmerz, Wut und Verzweiflung. Gegenüber gesunden Menschen entwickelte ich einen großen Hass. Ich verhielt mich ihnen gegenüber böse und gemein und wünschte ihnen sogar den Tod, weil *sie* gesund sein durften und ich nicht. Nur mit Leuten, die – wie ich – gesundheitliche Probleme hatten, hielt ich es aus. Weil es keine Chancen auf Heilung gab, dachte ich immer wieder darüber nach, mein Leben zu beenden.

Einmal nahm ich tatsächlich Tabletten, wurde aber noch rechtzeitig gefunden.

Weitere Begegnungen mit Christen

In jener Zeit nahm ich über meinen Bruder wieder Kontakt zu meinem Vater auf, der inzwischen eine neue Lebensgefährtin hatte. Ihr Sohn hieß Sven und war bekennender Christ. Jedes Mal, wenn ich ihn traf, erzählte er mir von Jesus. Aber er war nicht der einzige Christ, mit dem ich in dieser Zeit zu tun hatte ...

Aufgrund meiner gesundheitlichen Situation kam für mich jetzt nur noch ein sitzender Beruf in Frage. Ich entschloss mich deshalb zu einer Umschulung zur Bürokauffrau. Zweieinhalb Jahre lang verbrachte ich die Woche über in einem Internat in Isny und fuhr an den Wochenenden zurück in die WG. Im Internat traf ich Alain. Auch er hatte – wie er sich ausdrückte – eine „lebendige Beziehung zu Jesus Christus“. Ich besuchte regelmäßig den Bibelkreis, den er leitete. Durch die Gespräche mit Sven und ihm wurde mir klar, dass mein größtes Problem nicht die *Krankheit*, sondern meine *Sünde* war. In Lukas 5,18-25 las ich z. B, dass es Jesus wichtiger war, die Sünden eines Gelähmten zu vergeben, als seine Krankheit zu heilen:

„Und siehe, Männer bringen auf einem Bett einen Menschen, der gelähmt war; und sie suchten ihn hineinzubringen und vor ihn zu legen. Und da sie nicht fanden, auf welchem [Weg] sie ihn hineinbringen sollten, wegen der Volksmenge, stiegen sie auf das Dach und ließen ihn durch die Ziegel hinab mit dem Bett in die Mitte vor Jesus. Und als er ihren Glauben sah, sprach er: Mensch, deine Sünden sind dir vergeben. Und die Schriftgelehrten und die Pharisäer fingen an zu überlegen und sagten: Wer ist dieser, der [solche] Lästerungen redet? Wer kann Sünden vergeben außer Gott allein? Als aber Jesus ihre Überlegungen erkannte, antwortete und sprach er zu ihnen: Was überlegt ihr in euren Herzen? Was ist leichter zu sagen: Dir sind deine Sünden vergeben, oder zu sagen: Steh auf und geh umher? Damit ihr aber wisst, dass der Sohn des Menschen Vollmacht hat, auf der Erde Sünden zu vergeben – sprach er zu dem Gelähmten: Ich sage dir, steh auf und nimm dein Bett auf und geh nach Hause! Und sogleich stand er vor ihnen auf, nahm auf, worauf er gelegen hatte, und ging hin in sein Haus und verherrlichte Gott."

Leider zog ich aus dieser neuen Erkenntnis keine Konsequenzen. Statt mein Vertrauen auf Jesus zu setzen, spielte ich weiterhin mit dem Gedanken, mein Leben zu beenden. Eines Tages fuhr ich mit dem Auto los, um im geeigneten Moment die Augen zu schließen und das Lenkrad herumzureißen. Da geschah etwas Seltsames: Plötzlich zog ein tiefer Friede in meinem Herzen ein! Was war nur los mit mir? Gerade hatte ich mich noch umbringen wollen, und jetzt war alle Verzweiflung wie weggewischt! Ich konnte mir das nicht erklären.

Zu Fuß konnte ich jetzt nur noch kurze Distanzen zurücklegen. Nach dem ersten Jahr meiner Umschulung wurde die vordere Halsmuskulatur schwächer. Ein weiterer Krankheitsschub beeinträchtigte zunächst meinen linken Unterarm und dann die linke Hand. Aber – es war ein Wunder – mit der Zeit konnte ich diese Körperteile wieder benutzen! Obwohl ich Gott in dieser Zeit noch nicht persönlich kannte, wirkte er doch schon an mir und ermutigte mich. Sven und Alain erzählten weiter von Jesus, beteten mit mir und erklärten mir die Bibel. Schließlich fing ich an, sie selbst zu lesen.

Auf Abwegen

Schon mit 16 hatte ich angefangen, für einen Mann zu beten. Damals hatte ich allerdings nicht geglaubt, mit meiner Erkrankung jemals einen zu bekommen – bis ich in Isny Tobias begegnete. Ich war 19. Wir freundeten uns schnell an und irgendwann erklärte er mir, dass ich ihm gefalle. Weil wir beide noch keine Christen waren, taten wir das, was die meisten Paare heute tun: Wir begaben uns auf Wohnungssuche und zogen zusammen. Das war im November 2009. Doch unsere Beziehung, unsere finanzielle Situation und meine Gesundheit machten mir so zu schaffen, dass sich meine seelische Verfassung zusehends verschlechterte. Wieder wurden Selbstmordgedanken in mir wach. Ich las weniger in der Bibel und betete kaum noch. Psychotherapeutische

Behandlungen blieben ohne Erfolg. Ich suchte nicht Hilfe bei Gott, sondern bei Menschen.

Wenn Gott Frieden macht

In meiner Not wandte ich mich im Januar 2011 schließlich direkt im Gebet an Jesus Christus. Schon lange hatte er seine Hand nach mir ausgestreckt, aber ich hatte sie nicht ergreifen wollen. Jetzt verstand ich, dass *er* es gewesen war, der mich zu den richtigen Ärzten geführt, und dass es *sein* Friede gewesen war, der mich wie ein Blitz getroffen hatte, als ich mein Leben hatte beenden wollen. Er hatte mir in Isny Menschen geschickt, die mir von ihm erzählt hatten. Auch wurde mir klar, dass er für alle meine Schuld bezahlt hat, die ich in meinem gottlosen Leben auf mich geladen hatte. In Jesaja 53,5 heißt es: „Er wurde um unserer Übertretungen willen durchbohrt, wegen unserer Missetaten zerschlagen; die Strafe lag auf ihm, damit wir Frieden hätten, und durch seine Wunden sind wir geheilt worden." Und so bekannte ich ihm meine Sünden, dass ich z. B. mit Tobias eine sexuelle Beziehung gepflegt hatte, obwohl wir nicht verheiratet waren, und nahm seine Vergebung für mich in Anspruch. Auch bat ich ihn, die Herrschaft über mein Leben zu übernehmen und mich aus dem tiefen Loch herauszuholen, aus dem ich mich nicht selbst befreien konnte.

Nach diesem Erlebnis bekam ich echten Frieden – speziell über meine unheilbare Erkrankung.

Jetzt weiß ich, dass es vor allem auf die innere Heilung ankommt, mehr noch als auf die körperliche. Jesus hat mein zerbrochenes Herz geheilt und meine Trauer in große Freude verwandelt. Ich bin Gott dankbar, dass ich durch die Muskelschwäche zu ihm finden durfte. Jesus im Herzen zu tragen und echten Frieden zu erfahren, ist weit besser als körperliche Heilung und alles Geld der Welt. Ich kann es nur schlecht beschreiben – du musst es einfach selbst erleben! In 2. Korinther 12,9 sagt Gott: „Meine Gnade genügt dir, denn meine Kraft kommt in Schwachheit zur Vollendung." Tatsächlich kann ich heute durch seine göttliche Kraft Dinge bewältigen, die mir normalerweise nicht mehr möglich wären.

Seit Jesus der Herr meines Lebens geworden ist, ist mein Hass gegenüber gesunden Menschen verschwunden, und auch zu meinen Eltern habe ich jetzt eine viel bessere Beziehung. Selbst zwischen den beiden kommt es jetzt nicht mehr zu bösen Worten, sondern sie sprechen wieder ganz normal miteinander. Gott hat meine jahrelangen Gebete erhört.

Beziehungen werden heil

Nach meiner Hinwendung zu Jesus schien sich auch Tobias für Jesus zu öffnen. Eines Tages bekannte er ihn sogar vor der christlichen Gemeinde, die wir damals besuchten, als Retter und Herrn. Für mich war klar, dass ich unsere Beziehung nicht wie bisher weiterführen wollte, und so heirateten wir im November 2011. Aber bald zeigte sich, dass Tobias „Glaube“ keine sichtbaren Auswirkungen im Alltag hatte. Er hatte lediglich ein Lippenbekenntnis für Jesus abgelegt und tat vieles nur deshalb, weil ich es tat. Er wollte es sich nicht eingestehen, dass auch er in seinem Leben sündige Dinge getan hatte, die vor Gott nicht richtig waren. Wie die meisten Menschen versuchte er sich herauszureden und meinte: „Das ist doch nicht so schlimm. Das macht doch jeder mal!“ – Doch im Jahr 2013 nahm schließlich auch er Jesus Christus als seinen persönlichen Erlöser an!

Kurz danach wurde immer deutlicher, dass meine Gehfähigkeit weiter abnehmen würde. Es wurde immer schwieriger, meinen inzwischen komplett verbogenen Rücken auszugleichen und zu halten. Die Schmerzen waren zu groß und das Atmen bereitete mir zusehends Mühe. Zuerst wollte mich die Angst überkommen, bis ich meinen Blick wieder auf Jesus richtete. Ihm will ich vertrauen, denn – das darf ich heute erkennen – er hat in meinem Leben noch nie einen Fehler gemacht.

Gehen kann ich heute nicht mehr, nur noch auf die Knie gestützt seitwärts einen Fuß neben den anderen setzen. Ich kann dies im Vertrauen aus seiner Hand annehmen. Die Angst ist gewichen. Ich hatte kein einziges Mal mehr Depressionen wegen meines Zustands. Ich habe vollkommenen Frieden und bin glücklich und voller Freude. Vielleicht verstehen wir nicht immer, weshalb Gott bestimmte Dinge zulässt. Aber alles hat seinen Sinn, und denen, die ihn lieben, dienen alle Dinge zum Guten (siehe Röm 8,28)! Einer meiner Lieblingsbibelverse ist Hiob 2,10: „Das Gute nehmen wir von Gott an, da sollten wir das Böse nicht auch annehmen?" Jesus hat das Böse zum Guten gewendet, mein leidvolles Leben zum Blühen gebracht und mir neue Hoffnung geschenkt – eine Hoffnung, die er nicht enttäuschen wird. Er schenkt mir Frieden und Freude und gibt mir das, was ich brauche. Ich will ihn nie wieder hergeben, weil ich sonst das Wertvollste hergeben würde, das ich besitze! Ihm gilt mein Dank und mein Leben von ganzem Herzen in Ewigkeit, Amen!

Steffi Schwalb wohnt mit ihrem Mann Tobias im Allgäu und erzählt gerne anderen Menschen davon, wie sie bei Jesus Christus neue Hoffnung gefunden hat.

GEORG KLAPPERT

„Gott – was soll das?"

Der Tod meiner Mutter

Ich musste mich schon früh mit dem Thema Leid auseinandersetzen. Bereits in sehr jungen Jahren verlor ich meine Mutter an einer seltenen Krankheit. Das Blut stockte in ihren Adern. Sie starb – schmerzvoll – binnen weniger Stunden. Damals fragte ich Gott: „Was soll das? Wieso nimmst du mir meine Mutter?" Ich kann mich heute kaum mehr an sie erinnern. Alles ist verschwommen – ich muss das Ganze als kleines Kind einfach verdrängt haben.

Danach verbrachte ich viel Zeit bei meiner Oma und der Schwester meiner verstorbenen Mutter. Einige Jahre später bekam ich dann eine „neue Mutter". Im Gegensatz zu meiner Schwester konnte ich mich sehr schnell mit ihr anfreunden. Sie wurde nach und nach zu meiner *wirklichen* Mutter und sorgte sich sehr um mich. Das Verhältnis zu meiner Schwester hingegen war zu diesem Zeitpunkt – gelinde gesagt – „ausbaufähig“. Wir verstanden uns nicht mehr. Sie vermisste unsere Mutter zu sehr und konnte sich an die neue Situation nicht gewöhnen. Im Nachhinein kann ich das verstehen.

Weitere Verluste

Als ich 14 war, wurden gleich mehrere Bezugspersonen, die ich als Teenager so dringend brauchte, mitten aus dem Leben gerissen: Meine Oma, mein Opa, mein Onkel und meine Tante starben. Viel zu früh. Sofort kam der Verlust, den ich in meiner frühen Kindheit erlitten hatte, wieder in mir hoch. Der Konfirmationsunterricht war in dieser Zeit die einzige Verbindung zum christlichen Glauben, aber ich hatte kein wirkliches Interesse daran. Schließlich hatte Gott mir nicht nur meine Mutter genommen, sondern auch noch viele andere Personen, die mir nahe gestanden waren und auf die ich mich hatte verlassen können. Ich hatte ein für alle Mal mit Gott gebrochen!

Als ich gerade 18 geworden war, eröffneten mir mein Vater und meine Stiefmutter, dass sie sich scheiden lassen wollten; es war eine andere Frau im Spiel. Nun stand ich da: Die eine Mutter war tot, und die andere stellte mich vor die Wahl, ob ich bei ihr oder bei meinem Vater bleiben wollte. Obwohl ich sie sehr liebte, entschied ich mich doch für meinen Vater – schließlich war er mein *leiblicher* Vater. Ich erlebte das Ganze wie in Trance. Halt suchte ich in jener Zeit nicht bei Gott, sondern bei meiner damaligen Freundin. Ihre Familie wurde zu meiner Familie, und sie motivierten mich dazu, nach der Ausbildung noch einmal zur Schule zu gehen und mein Abitur nachzuholen.

Herr der Lage

Die eine Mutter war also tot, die andere weg. Gott mag mich damals wohl im Blick gehabt haben, aber er interessierte mich nicht. Ich kam auch ohne ihn gut klar, hatte meinen Sport, meine Freundin, meine Kumpels. Alles schien irgendwie zu funktionieren. Als ich mein Abi bestanden hatte und das Angebot bekam, bei einer Firma zu arbeiten und zu studieren, war das für mich ein weiterer Beweis: „Gott, ich habe keine Ahnung, was die Christen da immer faseln. Die Welt ist rational erklärbar und jeder ist auf sich allein gestellt! Es läuft auch ohne dich!“ Ich nahm die Stelle an und konnte sogar vorher noch eine Reise nach China und Neuseeland unternehmen. Alles war geplant: zuerst die Reise, dann der Studienbeginn. Meine Freundin hatte mit alldem auch keine Probleme, und ich war wie immer Herr der Lage.

Liebe auf den ersten Blick

Dann geschah allerdings etwas, womit ich nicht gerechnet hatte: Ich traf meine heutige Frau Jana! Kurz vor meiner Reise half ich ihrem Schwager, eine Küche auszubauen. Plötzlich stand sie da, und ich war völlig überwältigt! Unsere Blicke trafen sich und die Sache war passiert. „Liebe auf den ersten Blick" gibt es tatsächlich, und ich erlebte das hautnah im April 2011. Wir sprachen an diesem Tag nicht viel miteinander. Bis dahin hatte ich noch geglaubt, dass ich meine Freundin von Herzen liebe, und ich wollte mich nicht von ihr trennen; außerdem hatte ich ja eine mehrmonatige Reise nach Neuseeland geplant.

Einerseits versuchte ich also, mir Jana aus dem Kopf zu schlagen, andererseits schrieb ich ihr auf Facebook. Das Ganze schien zunächst auf freundschaftlicher Basis abzulaufen, obwohl ich unterschwellig merkte, dass sie Interesse an mir hatte. Wir konnten uns sehr gut austauschen und merkten schnell, dass wir in vielen Dingen auf einer Wellenlänge lagen – und das, obwohl ich genau wusste, aus welchem Elternhaus sie kam, dass sie in eine Gemeinde ging, die Bibel las, betete und vieles tat, wovon ich jahrelang weggelaufen war.

Ich flog also nach Neuseeland und nahm mir vor, die Sache auf sich beruhen zu lassen. Doch es kam anders. Als ich wieder in Deutschland war, sahen wir uns zufällig auf der Straße und begegneten uns kurz danach erneut beim Grilltreffen ihrer

Schwester. Wir fingen an zu telefonieren, trafen uns jedoch nie alleine. Ich konnte mich einfach nicht entscheiden: Sollte ich auf eine solide Beziehung setzen, die schon fünf Jahre hielt, oder alles hinwerfen für eine Frau, die ihr Leben mit Gott leben wollte? Ich konnte mich doch nicht ernsthaft mit einer Frau einlassen, die dem Gott, den es für mich nicht (mehr) gab, so nahe stand! Und doch tat ich es, und im November 2011 wurden wir ein Paar.

Konfrontation mit dem Glauben

Obwohl Jana wusste, dass sie als Christin keine Beziehung mit einem Nicht-Christen eingehen sollte, schätzte sie mich als Menschen und stand immer zu mir, anders als manche andere Christen, deren Verhalten mich sogar eher vom Glauben abhielt. Sie hatte von Anfang ein echtes Anliegen, dass auch ich zu Gott finde. Immer wieder konfrontierte sie mich mit ihrem Glauben, las mit mir zusammen verschiedene Bücher, schleppte mich zu Gemeindestunden und zum Hauskreis. Auch sprach sie wiederholt davon, dass ich nicht in den Himmel kommen würde, wenn ich morgen gegen einen Baum fahren sollte. Sie weinte viel und das Thema belastete sie sehr. Andererseits kannte sie auch meine Lebensgeschichte, die Todesfälle, die Verluste und die Trennungsängste und wusste, weshalb ich mir schwer tat, Gott zu vertrauen. Sie versuchte nicht, mich zu überreden, sondern mir zu zeigen, dass es Gott wirklich gibt, dass er der Schöpfer ist und dass wir ihm vollkommen vertrauen können, auch wenn wir vieles nicht verstehen.

So richtig glauben wollte ich das nicht. Wo war Gott, als ich als Kind zu ihm geschrien hatte: „Warum nimmst du mir meine Mutter?" Wo war er, als mein Vater sich entschied, meine „neue Mutter" für eine andere zu verlassen? Wo war er, als meine Tante an Krebs starb – die zweite Tochter, die meine Oma gehen lassen musste? Wo war er, als ich auch noch den Opa verlor, der so gut zu mir gewesen war?

Der entscheidende Anstoß

Jetzt weiß ich, dass Gott da war. Die ganze Zeit. Ich habe es nur nicht gesehen bzw. nicht sehen wollen. Auch heute verstehe ich immer noch nicht alles, aber ich versuche, die Schmerzen und das Leid meiner Familie aus Gottes Sicht zu sehen. Musste meine Mutter vielleicht sterben, damit ich die Mutter bekommen konnte, die ich als Teenager brauchte? Ich weiß es nicht. Musste ich das alles erleben, damit ich stark werde und lerne, für mich und meine Frau zu sorgen? Auch das weiß ich nicht. Ich weiß nur, dass Gott schon damals meine weitere Lebensgeschichte im Blick hatte. Er wusste genau, wo ich am Ende landen musste, um ihn schließlich zu finden.

Das war im Mai 2014. Der Pastor der Freien evangelischen Gemeinde, die ich mit Jana besuchte, hielt eine Predigt. Aufgrund der gemeinsamen drei Jahre mit ihr wusste ich schon viel über Gott und die Bibel. Sie hatte mich davon überzeugt, dass das Universum nicht durch Zufall entstanden sein konnte. Ich fing an, an der Evolutionstheorie zu zweifeln und wunderte mich über mich selbst. Auch lernte ich zu verstehen, dass es Gott den Vater, Gott den Sohn und den Heiligen Geist gibt, dass die Bibel Gottes Wort ist und dass ich vor ihm mit meiner Schuld nicht bestehen kann. Ich begann, an ein Leben nach dem Tod zu glauben, auch wenn ich nicht wusste, wie es aussehen würde. *Theoretisch* war mir vieles klar. Aber *praktisch* war noch nichts passiert.

Doch diese Predigt traf voll ins Schwarze. Friedhelm sprach darüber, dass Christen oft in einen Alltagstrott verfallen, alles zur Routine wird und wir diesem Trott den Kampf ansagen müssen. „BUMM", dachte ich. „Er hat den Nagel auf den Kopf getroffen!" Zwar war ich noch kein Christ, aber ich lebte doch in meinem eigenen „Trott": Obwohl ich alles wusste, was ich wissen musste, wollte ich mein Leben nicht einem höheren Wesen überlassen. Schließlich war ich immer Herr der Lage gewesen. Trotz aller Trauer hatte ich es doch immer wieder alleine geschafft! Oder nicht?

In mir tobte ein Kampf. Ich hatte das Gefühl, dass Jesus und der Teufel sich um meine Seele streiten. Mir wurde kalt, ich fing an zu schwitzen, war wie weggetreten – bis ich an jenem Sonntagmorgen mein Leben Jesus übergab! Ich wusste, dass er mir in diesem Moment all meine Schuld vergeben hatte, z. B. auch das Leid, das ich meiner Ex-Freundin zugefügt hatte.

Ein neues Leben

Jana und mir ist heute bewusst, dass Gott mit uns unglaublich gnädig war, als wir im November 2011 eine Beziehung begannen und sie sich auf einen „Ungläubigen" einließ. In den meisten Fällen laufen solche Beziehungen nämlich komplett in die andere Richtung. Aber mit Gottes Hilfe durften wir uns im Mai 2014 als christliches Paar das Ja-Wort geben.

Ich bin heute glücklicher denn je. Gott hatte von Anfang an einen Plan für mein Leben. Ich durfte ihn kennenlernen und weiß, dass all das Leid, all die Trauer und der Schmerz im Himmel ein Ende haben werden. Das hier ist nicht mein Zuhause, sondern eine „Übergangsstation", in der ich gemeinsam mit meiner Frau zu Gottes Ehre leben darf. Aber es ist eben nur das: ein Übergang in eine Ewigkeit, in der Gott mit Sicherheit alle meine offenen Fragen beantworten wird.

Ich weiß nicht, welches Leid du durchmachst. Vielleicht denkst du: „Ach, das ist doch gar nichts! Ich wurde missbraucht, bin sterbenskrank oder habe schon versucht, mir das Leben zu nehmen." Egal, welche Last du mit dir herumschleppst: Du wirst sie nicht loswerden, bis du sie Jesus übergibst. Er wird dein Leid nicht rückgängig machen und die Uhr nicht zurückdrehen. Aber er wird aus deinem Leben das Beste machen. Er will dir helfen, über dich hinauszuwachsen und dich zu einem Menschen machen, an dessen Leben andere sehen können: Gott ist ein Gott, der „Geschichte" schreibt, und ER ist immer Herr der Lage!

Georg Klappert fand 2014 zu Jesus, ließ sich taufen und wurde im gleichen Jahr mit seiner Frau Mitglied einer Freien evangelischen Gemeinde in Hessen.

MONIKA BENZ

„Wenn du meinst, es geht nicht mehr"

Ich wurde in den 60er-Jahren geboren und wuchs mit zwei Geschwistern auf einem Bauernhof in Süddeutschland auf. Für unsere Eltern war es selbstverständlich, dass wir Kinder nach dem Schulunterricht zu Hause mithalfen, sei es im Haushalt, im Stall, mit den Tieren oder auf dem Feld. Gerne trafen wir uns nachmittags auch mit anderen Kindern zum Spielen.

Schutzengel und geweihte Speisen

Mein religiöser Hintergrund ist typisch für die Gegend, in der ich aufgewachsen bin. Ich wurde als Baby in der katholischen Kirche getauft, empfing die Erstkommunion und Firmung, ging zur Beichte und verrichtete meine Gebete. Religiöse

Traditionen, z. B. die Weihe von Speisen zu Ostern, spielten in unserer Familie eine wichtige Rolle. Um den Hals trug ich einen geweihten Schutzengelanhänger, der mich vor Unheil bewahren sollte. Sonntags gingen wir gemeinsam zur Kirche. Von der Predigt des Pfarrers verstand ich meistens nicht viel. Als Jugendliche schloss ich mich der katholischen Jugendgruppe an, weil das eben so üblich war. Doch obwohl Religion ein wichtiger Aspekt unseres sozialen Lebens war, sprachen wir zu Hause kaum über religiöse Fragen, und auch ich selbst machte mir keine tieferen Gedanken.

In meinem letzten Schuljahr starb mein Vater. Weil die Leute nicht so recht wussten, wie sie mit seinem Tod umgehen sollten, redete man kaum darüber. Zu jener Zeit erhielt ich vom Pfarrer eine Schrift, auf der ein Gebet zu Maria abgedruckt war. Auch bei der Beerdigung meines Vaters beteten wir den Rosenkranz. Später wurden für ihn Messen gelesen, um – wie wir meinten – dadurch die Zeit zu verkürzen, die er im Fegefeuer verbringen musste.

Ausbildung und eigene Familie

Nach der zehnten Klasse begann ich eine kaufmännische Ausbildung, die ich mit Erfolg abschloss. Auf dem elterlichen Hof und im Haushalt half ich weiterhin nach der Arbeit mit. Gerne kümmerte ich mich in dieser Zeit auch um die Kinder meiner Schwester. Als ich Ende 20 war, heiratete ich

Jürgen. Er konnte gut mit Menschen umgehen und war handwerklich begabt. Seine Feierabende und Wochenenden verbrachte er oft mit entsprechenden Arbeiten. Obwohl Jürgen evangelisch war, war er damit einverstanden, dass unsere Kinder einmal katholisch getauft werden sollten; so legten wir es dann auch auf dem Pfarramt fest. In den 90er-Jahren wurden uns innerhalb von sieben Jahren drei Kinder geboren: zwei Söhne, Andreas und Marco, und eine Tochter, die wir Lea nannten.

Erste Schritte und Rückschritte

Während sich unser erster Sohn, Andreas, ganz normal entwickelte, war Marco von Anfang an ein sehr unruhiges Kind, was wir zuerst auf das Stillen (Dreimonatskoliken) schoben und später auf die Zähne. Auch schlief er sehr schlecht und begann zu schielen. Als Mutter hatte ich überhaupt den Eindruck, dass er sich langsamer entwickelte als Andreas. Im Alter von einem Jahr hatte er eine Regeluntersuchung beim Kinderarzt. Der tat meine Befürchtungen als Reaktion einer hypersensiblen Mutter ab und verschrieb ihm zwei Krankengymnastiktermine. Die Krankengymnastin riet allerdings dazu, Marco gründlich durchchecken zu lassen. Es folgte eine Reihe von Untersuchungen, bei denen aber nichts Konkretes herauskam.

Irgendetwas war anders mit Marco, das war klar, aber zur Ursache konnte uns zu diesem Zeitpunkt niemand etwas sagen. Seine Entwicklung schritt nur langsam voran: Mit etwa 15 Monaten krabbelte er und konnte sogar einige Schritte an den Möbeln entlang gehen; dabei wirkte er jedoch sehr unsicher, fiel oft hin und tat sich weh. Die Ärzte sprachen von einer „allgemeinen Entwicklungsverzögerung". Deshalb meldeten wir ihn zur Frühförderung an. Als er etwa zwei Jahre alt war, saßen wir dem zuständigen Mitarbeiter der Förderstelle gegenüber, der uns zum ersten Mal mit dem Wort „Behinderung" konfrontierte. Marcos Zustand verschlimmerte sich rapide: Bis zum Alter von drei Jahren konnte er z. B. nicht mehr saugen oder alleine sitzen. Auch jetzt wurde wieder eine Reihe von Untersuchungen durchgeführt, die aber – wie schon zwei Jahre zuvor – nicht zu einer eindeutigen Diagnose führten. Die Ärzte äußerten lediglich den Verdacht auf eine Stoffwechselerkrankung.

Primizsegen und Abbeten

Angesichts unserer familiären Situation fragte mich einmal der Pfarrer, ob unser Haus gesegnet worden sei. Obwohl das geschehen war, war in unserer Familie von einem „Segen" offensichtlich nur wenig erkennbar. Und so empfahl er mir zur persönlichen Stärkung den Empfang der Heiligen Kommunion – einer Empfehlung, der ich auch nachkam. Ansonsten hielt ich mich an allerlei Strohhalmen fest, z. B. dem Primizsegen, das ist der erste Segen eines neugeweihten Priesters, oder dem Abbeten, einer Art magischem Gebet, das einem Kranken Heilung bringen soll. Auch besaß ich eine Spruchtafel mit dem Text: „Wenn du meinst, es geht nicht mehr, kommt von irgendwo ein Lichtlein her. Dass du es noch einmal wieder zwingst und von Sonnenschein und Freude singst, leichter trägst des Alltags harte Last und wieder Kraft und Mut und Glauben hast."

Untersuchungen und Diagnose

Dann wurde unser drittes Kind geboren: Lea. Als sie zwölf Monate alt war, erzählte ich dem Kinderarzt, dass sie im Sitzen ihre Flasche nicht halten konnte, keinen Löffel nahm und zwar krabbeln, sich aber nicht hochziehen konnte. Er zeigte sich überhaupt nicht besorgt – Leas Entwicklung bewege sich im Grenzbereich des Normalen. Doch als sie eineinhalb Jahre alt und in ihrer Entwicklung noch nicht viel weiter gekommen war, wurden wir zu einem Kinderarzt im Krankenhaus geschickt. Auch diesmal blieben die durchgeführten Untersuchungen zunächst ohne Ergebnis. Aber der Arzt wollte auch Marco kennenlernen, und das führte schließlich zu einer Diagnose: Marco und Lea litten beide an einer „degenerativen Stoffwechselstörung mit Muskeldystrophie". Jetzt hatten wir die traurige Gewissheit, dass beide Kinder nur eine geringe Lebenserwartung von etwa 8 bis 12 Jahren haben würden. Tatsächlich verlief die weitere Entwicklung der zwei typisch für diese Erkrankung, wenn auch bei beiden unterschiedlich: Fähigkeiten, die sie bis zum Alter von einem Jahr erworben hatten, z. B. Saugen, Krabbeln, Sitzen und das Fahren mit dem Bobby Car, gingen im Laufe der Zeit wieder verloren.

Neues Leid und Neues Testament

Damals gab mir der Klinikarzt einen Rat, der mit den gesundheitlichen Problemen der Kinder scheinbar nichts zu tun hatte: Jürgen und ich sollten in unsere Ehe investieren und immer wieder auch Dinge mit Andreas alleine unternehmen, d. h. ohne Marco und Lea. Aber für unsere Ehe war es bereits zu spät, denn etwa ein halbes Jahr später verließ mich mein Mann. Ich hatte das Gefühl, als würde mir der Boden unter den Füßen weggezogen.

Während dieses ereignisreichen Jahres bekam ich von einer Therapeutin, bei der sowohl Marco als auch Lea in Behandlung waren, ein Neues Testament. Darin las ich, wie Jesus Kranke geheilt hatte. Weil wir in Bezug auf eine Gesundung der Kinder aber schon so viele vergebliche Versuche unternommen hatten, konnte ich nichts damit anfangen. Also legte ich das Neue Testament wieder zur Seite.

Vortrag und Bibelkurs

Doch in dieser Situation, die aus menschlicher Sicht völlig hoffnungslos war, streckte Gott im darauffolgenden Jahr noch einmal seine Hand nach mir aus. Denn die oben erwähnte Therapeutin hatte die Hoffnung noch nicht aufgegeben und lud mich zu einem christlichen Vortrag ein, in dem es um „Biblische Prophetie“ ging. Ich weiß nicht mehr, was mich damals dazu bewogen hat, ihrer Einladung zu folgen. Der Referent zeigte anhand verschiedener Beispiele auf, wie sich die Vorhersagen, die Gott in der Bibel getroffen hatte, im Laufe der Geschichte wortwörtlich erfüllt haben. Ich war so angesprochen, dass ich mich mehr mit der Bibel auseinandersetzen wollte. Als im Anschluss an den Vortrag zu einem Bibelkurs eingeladen wurde, meldete ich mich daher an. Er hieß *Aufbruch in ein neues Leben* und es ging um die Bibel, Gott, den Menschen, Jesus Christus und den Weg der Errettung.[6] Die Treffen fanden im Wohnzimmer einer Familie statt, die in einem Nachbarort wohnte. Während ich dort war, kümmerte sich Andreas um seine jüngeren Geschwister. Als ich so – Lektion für Lektion – zu den Veranstaltungen kam, bewegten mich folgende Fragen:

- Wozu nimmt sich der Kursleiter Zeit für fremde Leute, und warum bewirtet seine Frau diese auch noch mit Getränken und Gebäck?
- Wo werden Marco und Lea einmal sein, wenn sie sterben?
- Was sagt die Bibel zur Praxis der katholischen

Kirche, Messen für Verstorbene zu lesen und so ihre Zeit im Fegefeuer zu verkürzen?

Ich kaufte mir eine moderne Übersetzung und las von diesem Zeitpunkt an gerne in der Bibel. Die Worte Gottes faszinierten mich. Besonders die folgenden Verse schienen direkt in meine Lebenssituation hinein zu sprechen:

- Nicht das Vertrauen auf menschliche Hilfe gibt Halt im Leid, sondern nur Jesus Christus. Menschen enttäuschen, aber Jesus nicht. Auf ihn ist Verlass und er „ist derselbe gestern, heute und in Ewigkeit“ (Hebr 13,8).
- Nicht nette Sinnsprüche nach dem Motto: „Wenn du meinst, es geht nicht mehr, kommt von irgendwo ein Lichtlein her“, sondern nur das Wort Gottes ist die Nahrung, die meine Seele braucht. „Nicht von Brot allein soll der Mensch leben, sondern von jedem Wort, das durch den Mund Gottes ausgeht“ (Mt 4,4).
- Nicht wohlmeinende Menschen, die verlegen auf den Zustand meiner kranken Kinder schauen, sondern Gott selbst will mich trösten. In Matthäus 11,28 ruft Jesus: „Kommt her zu mir, alle ihr Mühseligen und Beladenen! Ich werde euch Ruhe geben.“
- Nicht Ärzte oder Therapeuten, sondern Gott „heilt jede Krankheit und jedes Gebrechen“

(Mt 4,23) – wenn nicht in diesem Leben, so doch in der Ewigkeit. „Er wird jede Träne von ihren Augen abwischen und der Tod wird nicht mehr sein, noch Geschrei noch Schmerz wird mehr sein; denn das Erste ist vergangen“ (Offb 21,4).

Sünde und Erlösung

Doch da gab es noch mein Sündenproblem, das mich von einem heiligen, gerechten Gott trennte. Der ausgestreute Same – das Wort Gottes – wuchs sehr langsam, aber beständig. Durch seine Gebote zeigte mir Gott, dass ich eine Sünderin bin: „Denn durchs Gesetz [kommt] Erkenntnis der Sünde“ (Röm 3,20). „Du sollst den Herrn, deinen Gott, lieben mit deinem ganzen Herzen und mit deiner ganzen Seele und mit deinem ganzen Verstand“, heißt es in Matthäus 22,37-39: „Dies ist das größte und erste Gebot. Das zweite aber ist ihm gleich: Du sollst deinen Nächsten lieben wie dich selbst.“ Das tat ich offensichtlich nicht. Noch dazu kannte Gott alle meine Gedanken, Absichten und Beweggründe. Ich las: „Der Mensch sieht auf das, was vor Augen ist, aber Gott sieht auf das Herz“ (1Sam 16,7). Mir wurde klar, dass ich in diesem Zustand vor Gott nicht bestehen kann, „denn der Lohn der Sünde ist der Tod“ (Röm 6,23). All die Sünden, die ich über die Jahre hinweg dem Pfarrer gebeichtet hatte, waren noch nicht vergeben, weil ich keine Beziehung zu Jesus Christus hatte.

Aber Gott zeigte mir einen Ausweg aus dieser Lage. Jesus war „nicht gekommen, Gerechte zu rufen, sondern Sünder“ (Mt 9,13). Ich verstand, dass ich umsonst errettet werde „durch seine Gnade, durch die Erlösung die in Jesus Christus ist“ (Röm 3,24). Jesus hat alles für mich am Kreuz getan, und ich kann dem nichts mehr hinzufügen außer Lob und Dank! Wenn ich ihm meine Sünden bekenne, „ist er treu und gerecht“, dass er mir die Sünden vergibt und mich „reinigt von jeder Ungerechtigkeit“ (1Joh 1,9). Nachdem ich alles das erkannt hatte, bat ich Gott im Gebet um Vergebung meiner Schuld und nahm Jesus als meinen persönlichen Retter und Herrn an. „So viele ihn aber aufnahmen, denen gab er das Recht, Kinder Gottes zu werden, denen, die an seinen Namen glauben“ (Joh 1,12).

Tod und neues Leben

Kurz nachdem ich mich auf diese Weise Jesus Christus zugewandt hatte, holte Gott unseren Marco zu sich nach Hause. Lea folgte ihm fünf Jahre später. Gott tröstete mich durch einen Vers aus dem Matthäusevangelium: „Lasst die Kinder, und wehrt ihnen nicht, zu mir kommen. Denn solchen gehört das Reich der Himmel“ (Mt 19,14). Was für ein Trost, meine Kinder bei Jesus zu wissen und die Gewissheit zu haben, sie in der Ewigkeit wiederzusehen! Wenn ich an sie denke, richte ich meinen Blick auf Gott und auf das, was er ihnen geschenkt hat: Er hat ihre Krankheit geheilt und ihre Tränen abgewischt, und sie empfinden jetzt keine Trauer mehr, sondern nur noch Freude!

Was hat sich seitdem verändert? Nun, es dauerte noch eine ganze Weile, bis ich Jesus auch im Alltag ganz vertraute und Gott im Gebet meinen „Vater" nennen konnte. In der Bibel habe ich einen Maßstab für mein Leben gefunden. „Der Himmel und die Erde werden vergehen, meine Worte aber werden nicht vergehen", sagt Jesus in Markus 13,31. Ich kann jetzt Menschen vergeben, die mich enttäuscht oder verletzt haben, weil Gott auch meine Verfehlungen in den Tiefen des Meeres versenkt hat (vgl. Mi 7,19).

„Der Herr stützt alle Fallenden, er richtet auf alle Niedergebeugten" (Ps 145,14). Jesus hat mich durch viele schmerzhafte Situationen hindurch getragen, die aus menschlicher Sicht völlig ausweglos schienen. Ich darf jeden Tag an seiner Hand gehen, und wenn ich falle, hilft er mir wieder auf. Ich bin Gott so dankbar, sein Kind sein zu dürfen und mich bei ihm geborgen zu wissen. Eines Tages las ich in Psalm 139,5: „Von hinten und von vorn hast du mich umschlossen, du hast deine Hand auf mich gelegt." Ja, er wohnt sogar in meinem Herzen und ich habe eine vertrauensvolle Beziehung zu ihm.

„Monika Benz" ist dem Autor persönlich bekannt. Die Namen der beteiligten Personen und verschiedene Details der Geschichte wurden auf ihren Wunsch hin geändert.

PETER GÜTHLER

Ein Weltbild zerbröckelt

Nicht immer tritt das Leid in Form großer Katastrophen in unser Leben. Manchmal zwingt uns bereits das Zusammentreffen mehr oder weniger alltäglicher Probleme in die Knie. So war es auch in meinem Leben.

So weit wie möglich kommen

Ich wurde im Jahr 1966 geboren und wuchs in einem 3000-Seelen-Dorf in der Nähe der schwäbischen Stadt Memmingen auf. Meine Mutter war Hausfrau und kümmerte sich um meinen vier Jahre jüngeren Bruder und mich. Nebenbei erledigte sie zu Hause die Buchhaltung für die Firma meines Opas, der Viehhändler war. Mein Vater hatte Elektroinstallateur gelernt und später eine Technikerschule besucht. Obwohl er fachlich kompetent war, wurde doch ein „Doktor-Ingenieur" Leiter der neu geschaffenen Elektroabteilung in seiner Firma. Mein Vater ging leer aus, weil ihm die akademische Ausbildung fehlte – eine Demütigung, die er niemals richtig verkraftet hat. Geprägt von dieser Erfahrung gab er mir wiederholt den Rat: „Du musst versuchen, in deiner Ausbildung so weit wie möglich zu kommen. Am besten, du machst einmal deinen Doktor!"

Hab ich Unrecht heut' getan

Nach der vierten Klasse Grundschule wechselte ich auf ein neusprachliches Gymnasium am Ort. Weil es sich um eine katholische Einrichtung handelte, wurde die religiöse Erziehung großgeschrieben. In einem „Bericht über Verhalten und schulische Leistungen" aus dieser Zeit steht: „Im religiösen Bereich ist Peter Fragen gegenüber aufgeschlossen und zur persönlichen Auseinandersetzung bereit." Zweimal pro Woche besuchte ich die Heilige Messe; die Bedeutung der zeremoniellen Handlungen, die der Priester dabei verrichtete, blieb mir jedoch immer rätselhaft.

Dass es einen Gott gibt, wusste ich bereits als kleines Kind. Über viele Jahre hinweg sprach ich vor dem Schlafengehen ein Gebet, das mir meine Mutter beigebracht hatte: „Müde bin ich, geh' zur Ruh', schließe meine Augen zu. Vater, lass die Augen dein über meinem Bette sein. Hab' ich Unrecht heut' getan, sieh' es, lieber Gott, nicht an!" *Dass* ich immer wieder „Unrecht" tat, war mir klar. Einmal bestellte ich z. B. zusammen mit einem Freund ein Taxi an ein Nachbarhaus, das wir von unserem Küchenfenster aus sehen konnten; wir wollten wissen, was der Fahrer wohl machen würde, wenn keiner kam. Nach solchen Aktionen hatte ich natürlich ein schlechtes Gewissen. Ein- oder zweimal im Jahr ging ich daher zum Beichten und fühlte mich danach immer sehr erleichtert. Ich war angenehm überrascht, wie viele Sünden ich mit zwei Vaterunsern und einem Gegrüßet-seist-du-Maria aus der Welt schaffen konnte. Aber was würde wohl mit mir passieren, wenn ich einmal vor dem Sterben keine Gelegenheit mehr hätte, zur Beichte zu gehen? Diese Frage beunruhigte mich.

Als schwach eingestuft

Mit dem Wechsel aufs Gymnasium war meine unbeschwerte Kindheit zu Ende. Obwohl ich mir Mühe gab, tat ich mich von Anfang an in einigen Fächern schwer. Im Zwischenbericht der 8. Klasse hieß es:

„Peter verhält sich im Studium ruhig, lässt sich jedoch sehr schnell ablenken. Er macht einen langsamen Eindruck und wird von den Lehrern als schwach eingestuft."

Das „Studium" war die Zeit am Nachmittag, in der wir gemeinsam die Hausaufgaben erledigten. Weil ich am Ort wohnte, ging ich nach dem Unterricht zum Mittagessen nach Hause und kehrte zur

Studierzeit wieder in die Schule zurück. Für meine sozialen Kontakte war das nicht gerade förderlich. Während meine Klassenkameraden nämlich in der Mittagspause Freundschaften schlossen, war ich daheim, und wenn meine früheren Kumpels aus dem Dorf nachmittags Fußball spielten, saß ich in der Schule. In diesen Jahren hatte ich daher kaum Freunde. Im Gegenteil: Zwei Jungs aus meiner Klasse machten mir das Leben schwer. Einmal fragten sie mich, ob ich „Arier" sei. Weil ich nicht wusste, was sie meinten, sagte ich sicherheitshalber „nein". Von diesem Zeitpunkt an war ich für sie „der Jude", mit dem sie ihre Späße trieben.

Trotz Nachhilfeunterricht in Latein und einer „Ehrenrunde" blieben meine Leistungen bodenlos – eine Tatsache, die mich sehr entmutigte. In einem Schreiben aus der neunten Klasse an meine Eltern stand: „Peter fallen einige schulische Fächer schwer und er ist in diesen sehr schwach. Es wäre bei ihm zu überlegen, ob er nicht auf die Realschule überwechseln sollte, da dann wenigstens Latein und Französisch wegfallen würden." Diesem Rat folgte ich schließlich und wechselte nach den Weihnachtsferien der 9. Klasse Gymnasium auf die 8. Klasse Realschule in Memmingen.

Vom Erfolg verwöhnt

Eine neue Ära begann! In meiner neuen Klasse war ich bald anerkannt und wurde später sogar zum

Klassensprecher gewählt. Meine Hausaufgaben erledigte ich jetzt zuhause und erlebte, dass mir das Lernen dort viel leichter fiel. In meinem Zimmer war ich nicht mehr abgelenkt und konnte – wenn ich etwas auswendig lernen musste – den Lerninhalt laut vor mir her sagen. Außerdem war ich den anderen Schülern in vielen Fächern voraus, weil ich vom Gymnasium kam. Und so geschah es, dass ich im Jahreszeugnis der 8. Klasse (bis auf Musik und Maschinenschreiben) nur Einser und Zweier hatte. Als ich die Realschule 1984 mit der Mittleren Reife verließ, war ich unter den Besten der Schule, und auch die Fachoberschule schloss ich mit einem Schnitt von 1,4 ab. Zum ersten Mal schien das Karriereziel, das mir mein Vater vor Augen gemalt hatte, nicht mehr in unerreichbarer Ferne zu liegen.

In die Wüste geschickt

Und noch etwas veränderte sich. Während ich auf der katholischen Schule nur mit Jungs zusammen gewesen war, hatte ich jetzt täglich Umgang mit Mädchen – ein Umstand, gegen den ich nichts einzuwenden hatte. Mit 17 machte ich einen Tanzkurs und befreundete mich mit meiner Partnerin, mit der ich daraufhin ein halbes Jahr zusammen war. Dann ließ ich sie wegen einem anderen Mädchen sitzen – die dann wiederum *mich* nach sechs Monaten in die Wüste schickte!

Auch die Beziehungen in meinem Freundeskreis schienen nach diesem Muster abzulaufen: Zwei verlieben sich und sind schon bald ein Paar. Eine Zeit lang scheint alles gut zu gehen, aber sobald der erste Reiz verschwunden ist, erkennen die beiden, dass der andere nicht nur ein nettes Gesicht, sondern auch charakterliche Ecken und Kanten besitzt. Schließlich macht einer von beiden Schluss, und zurück bleiben zwei verletzte, desillusionierte Menschen. – Nachdem ich das selbst miterlebt hatte – sowohl als „Täter“, als auch als „Opfer“ –, wuchs in mir der tiefe Wunsch, einmal wirklich lieben zu können und eines Tages auch eine Frau zu finden, die mich liebt, und zwar nicht nur sechs Monate, sondern ein ganzes Leben!

Die Sache mit Gott

Während ich früher hauptsächlich Micky Maus und Karl May gelesen hatte, griff ich in jener Zeit vermehrt zu Büchern, die mein Vater von der Stadtbibliothek mit nach Hause brachte. Eines der Themen, für die er sich interessierte, war die Evolutionstheorie. Und so las ich Bücher von Pierre Teilhard de Chardin (1881–1955), einem französischen Theologen, der versuchte, der Evolutionstheorie einen wissenschaftlich-religiösen Anstich zu verleihen; und von dem deutschen Wissenschaftspublizisten Hoimar von Ditfurth (1921–1989), der behauptete: „Wir sind, um es einmal so zu formulieren, eigentlich nur die Neandertaler von morgen." Als mich mein Deutschlehrer dann noch mit dem fernöstlichen Gedankengut von Hermann Hesse bekannt machte, war mein selbstgebasteltes Weltbild perfekt:

„Ich bin nur ein kleines Rädchen im gewaltigen Uhrwerk der Evolution. Ja, es gibt einen Gott, der das Ganze angestoßen hat, aber der ist weit weg und offenbart sich verschiedenen Kulturkreisen auf unterschiedliche Weise: den einen durch Buddha, den anderen durch Mohammed, wieder anderen durch Jesus."

Mein Freund German dachte ähnlich wie ich, und so manchen Abend saßen wir beisammen, um einander bei einem Glas Sherry in unseren Überzeugungen zu bestärken. Wären wir ehrlich gewesen, hätten wir zugeben müssen, dass unsere Theorien alles andere als gründlich durchdacht waren, und insgeheim wusste ich, dass ich der „Sache mit Gott" einmal genauer auf den Grund gehen musste. Für den Moment aber war ich mit meinem Weltbild zufrieden und hielt mich für einen guten Christen – immerhin ging ich ja sonntags zur Kirche!

Als ich nach dem Grundwehrdienst im Herbst 1987 ein Studium an der Fachhochschule in Freising bei München begann, ruhte mein Leben also auf drei „Säulen": Ich wollte beruflich „so weit wie möglich kommen", eine Frau finden, mit der mich „echte Liebe" verbindet und einmal „die Sache mit

Gott“ klären. Jede dieser drei „Säulen“ begann im September des Jahres 1988 zu wanken ...

Die „Säulen“ wanken

Weil ich für eine spätere Promotion ein Universitätsstudium vorweisen musste, wählte ich das Studienfach *Lebensmitteltechnologie*, bei dem ich nach dem Vordiplom der Fachhochschule an die Universität wechseln konnte. Soweit der Plan. In Freising angekommen hörte ich allerdings, dass von den 120 Studenten, die jedes Jahr mit dem ersten Semester begannen, nur etwa 20 bis zum Schluss durchhielten. Die meisten scheiterten am Vordiplom, das am Ende des zweiten Semesters geschrieben wurde und aus insgesamt neun Prüfungen bestand. Wenn ich im darauffolgenden Jahr tatsächlich an der Uni studieren wollte, musste ich alle diese Prüfungen schaffen, und zwar beim ersten Versuch!

Mein persönlicher „Showdown“ begann, als sich meine damalige Freundin – nennen wir sie Saskia – von mir trennte. Wir hatten uns einige Monate zuvor kennengelernt und waren recht zügig, ohne, dass wir einander wirklich gekannt hätten, eine Beziehung eingegangen. Mit der Zeit merkte ich, dass sie mit meinem philosophischen Weltbild nicht viel anfangen konnte und sich – nach meinem Geschmack etwas zu einseitig – auf den christlichen Glauben festgelegt hatte. Trotz dieses Unterschieds, über den ich aufgrund meiner Einstellung tolerant hinwegsehen konnte, überlegte ich mir ernsthaft, ob Saskia nicht vielleicht die Frau sein könnte, mit der ich mein Leben verbringen wollte.

Beziehung am Ende

Im Spätsommer 1988 kam Saskia von einer Urlaubsreise zurück, die von einer christlichen Organisation durchgeführt worden war. Ich merkte sofort, dass etwas nicht stimmte. Als ich sie darauf ansprach, erzählte sie mir, dass ihr jemand auf der „Freizeit" ein christliches Buch gegeben habe, in dem es um die Themen *Liebe, Freundschaft und Partnerwahl* ging.[7] Beim Lesen war ihr klar geworden, dass wir nicht zusammen passten, denn sie wollte ihr Leben mit Jesus leben, ich aber nicht. Der entscheidende Bibelvers lautete: „Geht nicht unter fremdartigem Joch mit Ungläubigen!" (2Kor 6,14). „Aber ich bin doch auch Christ!", wandte ich ein. „Und doch tust du nicht das, was Gott sagt, sondern das, was du dir selbst in den Kopf gesetzt hast," erwiderte sie. „Ich aber will Jesus nachfolgen." Und so trennte sie sich von mir.

Das Ende unserer Beziehung fiel ausgerechnet in den Zeitraum, in dem ich die ersten Prüfungen für mein Vordiplom schrieb. Ich war so durch den Wind, dass ich mich kaum auf den Stoff konzentrieren konnte. Die erste Prüfung hatte ich gerade noch mit einer Vier bestanden – in meinen Augen eine miserable Note, weil ich doch nur mehr Einser und

Zweier gewohnt war! Und die schwierigsten Prüfungen standen erst noch bevor! Mein Karriereziel „Promotion“ würde ich wohl an den Nagel hängen müssen.

Philosophie auf dem Prüfstand

Mehr noch als die Prüfungen beschäftigte mich die Tatsache, dass ich in Saskias Augen ungläubig war. Insgeheim wusste ich, dass sie recht hatte: Denn während *sie* schweren Herzens mit mir Schluss gemacht hatte, weil Gott es so wollte, spielte er in meinem Leben praktisch keine Rolle.

Das Zusammentreffen der Problembereiche *Beziehung – Karriere – Glaube* zwang mich in die Knie. Noch nie zuvor war ich so weit unten gewesen. In meiner Verzweiflung suchte ich an einem Samstagnachmittag das Gespräch mit einem Priester, der an dem katholischen Gymnasium, das ich vor Jahren besucht hatte, als Biologielehrer arbeitete. In Bezug auf die Bibel, mit der Saskia argumentierte, würde ich in Pater Guggemoos sicher einen Fürsprecher finden – dachte ich zumindest. Also erklärte ich ihm die Situation und sagte: „Das Mädchen ist evangelisch und behauptet, ich sei kein Christ. Dabei gehe ich doch am Sonntag zur Kirche!“ Zu meiner Überraschung antwortete er: „Sie hat recht. Du bist nicht automatisch Christ, nur weil du in die Kirche gehst.“ Damit hatte ich natürlich nicht gerechnet! Doch ich war noch nicht fertig: „Saskia behauptet, die Bibel sei Gottes Wort. Aber das kann doch nicht stimmen, denn in der Bibel steht, dass Gott die Welt in sechs Tagen erschaffen hat. Sie aber haben uns im Biologieunterricht erzählt, dass alles durch Evolution entstanden sei." „Nun, keiner von uns beiden war dabei", antwortete er. „Schöpfung und Evolution sind Theorien, und beide erfordern Glauben." Auch der Rest der Unterhaltung verlief in dieser Weise. Ich hatte den Pater in der Hoffnung aufgesucht, um mit seiner Hilfe Saskias Argumente widerlegen zu können; stattdessen rüttelte auch er kräftig an meinem theologischen Weltbild!

Direkt zu Gott

Zurück in meiner Studentenbude in Freising tat ich etwas, was ich schon lange hätte tun sollen: In meiner Verzweiflung wandte ich mich mit meinen Fragen *direkt* an Gott. Ich bat ihn, mir zu helfen – und er antwortete! Nur wenige Tage nach meinem Gebet erhielt ich von meiner (Ex-)Freundin per Post eine christliche Schrift, in der mit Hilfe von Bibelversen erklärt wurde, wie man zu einer persönlichen Beziehung mit Gott finden kann. In ihr las ich: „Eure Vergehen sind es, die eine Scheidung gemacht haben zwischen euch und eurem Gott, und eure Sünden haben sein Angesicht vor euch verhüllt, dass er nicht hört" (Jes 59,2). Ich hätte keine Möglichkeit, diese Kluft aus eigener Kraft zu überwinden, hieß es dort. Selbst die Tatsache, dass ich sonntags zur

Kirche ging, könne nichts daran ändern, dass ich von Gott getrennt sei. Aber „Gott liebt Sie so sehr, ‚dass er seinen eingeborenen Sohn gab'" (Joh 3,16). Jesus Christus starb stellvertretend an einem Kreuz für die Schuld der Welt, „damit jeder, der an ihn glaubt, nicht verlorengeht, sondern ewiges Leben hat" (Joh 3,16).

Diese Worte berührten mich zutiefst. In *einem* Augenblick wurde mir klar, dass ich bisher – trotz meiner Religiosität – ohne den gelebt hatte, der mich gewollt und gemacht hatte. Kein Wunder also, dass mein Leben einem Scherbenhaufen glich! Doch Gott hatte durch seinen Sohn Jesus eine Lösung für mein Versagen geschaffen. Und so bat ich ihn unter Tränen, meine Sünden zu vergeben und das „Steuerrad" meines Lebens in seine Hand zu nehmen. Sobald ich das getan hatte, zog eine seltsame, bis dahin unbekannte Freude in mein Herz ein, und ich schöpfte neue Hoffnung! Ich wusste: Gott hatte mich als sein Kind angenommen. Er meinte es gut mit mir und würde von diesem Tag an mit mir durchs Leben gehen.

Wie es weiter ging

Bestimmt willst du jetzt wissen, wie es weitergegangen ist. Nun, obwohl ich nicht mehr „ungläubig" war, wurde es nichts mehr zwischen Saskia und mir. Heute bin ich froh darüber, denn sieben Jahre später habe ich Joanie geheiratet – eine Frau, die ich mit Gottes Hilfe liebe und die auch mich von Herzen liebt! Und die Prüfungen? Die habe ich damals alle bestanden

– ohne Ausnahme. Danach ging ich tatsächlich auf die Uni, um dort *Technologie und Biotechnologie der Lebensmittel* zu studieren. Aber promoviert – meinen „Doktor gemacht" – habe ich dann doch nicht, denn Gott hat meine Lebensprioritäten verändert.

Die querschnittsgelähmte Joni Eareckson Tada (*1949) sagte einmal in Bezug auf das Leid: „Gott lässt zu, was er hasst, um zu erreichen, was er liebt." In meinem Leben scheint es tatsächlich so gewesen zu sein, und ich bin ihm von Herzen dankbar dafür. In meiner Not rief ich zu ihm, und er hat mein Schreien gehört und mir den Weg zum Leben gezeigt! Heute darf ich sicher wissen, dass ich einmal bei ihm im Himmel sein werde, wenn ich gestorben bin – ohne mir Sorgen machen zu müssen, ob ich es noch rechtzeitig zur Beichte schaffe! Denn er hat alle meine Sünden vergeben – die der Vergangenheit, Gegenwart und Zukunft – und wird nie wieder an sie denken (vgl. Jer 31,34)!

Peter Güthler wohnt mit seiner Familie im Unterallgäu. Auch in den kleinen und großen Nöten, die er nach seiner Hinwendung zu Jesus erfahren hat, durfte er erleben: Gott ist treu!

Teil 2

ANTWORTEN FÜR DEN VERSTAND

„Jede Lebensgeschichte ist eine Leidensgeschichte", bemerkte einst der Philosoph Arthur Schopenhauer (1788–1860). Leid gehört zu den grundlegenden Erfahrungen eines jedes Menschen. Es fragt nicht danach, ob du alt bist oder jung, arm oder reich, Atheist oder Christ. Es begegnet dir in Gestalt zerstörter Pläne, zerbrochener Beziehungen und rebellischer Kinder. Es trifft dich bei Unfällen, in Zeiten der Krankheit und dann, wenn es ans Sterben geht. Das Leben unzähliger Menschen gleicht einem Jammertal. Sie plagen „sich jeden Tag mit Kummer und Ärger", und selbst nachts findet ihr „Herz keine Ruhe" (Pred 2,23). Hiob, der Inbegriff des Leidenden im Alten Testament, drückte es so aus: „Aus den Städten heraus lassen Sterbende ihr Ächzen hören, und die Seele von Erschlagenen schreit um Rache" (Hi 24,12, MeÜ).

In unbeschwerten Zeiten kannst du dir wahrscheinlich nicht vorstellen, dass dich einmal etwas vollkommen aus der Bahn werfen könnte. Aber – so sagt es ein deutsches Sprichwort – „zwischen Freud und Leid ist die Brücke nicht breit". Insgeheim weißt du, dass Letzteres auch um dich nicht für immer einen Bogen machen wird.

Oft wird das Leid dadurch gesteigert, dass sich deine Gedanken ständig um die Tatsache drehen, *dass* du leidest – und um die Frage, die den Menschen seit Jahrtausenden nicht in Ruhe lässt: die Frage nach dem „Warum". Paradoxerweise stellen sie viele nicht in erster Linie deshalb, weil sie tatsächlich an einer Antwort interessiert sind. Vielmehr ist ihr „Warum" eine Anklage gegen Gott, eine zum Himmel erhobene Faust: „Warum lässt du mich das Unrecht sehen? Warum schaust du dem Verderben zu? Warum sehe ich nur Frevel und Gewalt, erlebe Zwietracht und Streit?" (Hab 1,3,).

Der Angeklagte

In den Augen Vieler ist Gott ein „kosmischer Sadist"[8], auf den sie immer dann zeigen, wenn auf der Welt etwas Böses geschieht. Wie der Kabarettist Dieter Hildebrand (1927–2013), der in einem Interview mit dem Nachrichtenmagazin *Der Spiegel* erklärte: „Ein Gott, der Auschwitz und Buchenwald zulässt, ist für mich unvorstellbar, oder er ist der Teufel."[9] Oder der deutsche Fußballtrainer Udo Lattek (1935–2015). Nachdem sein Sohn mit 15 Jahren an Leukämie gestorben war, beschloss er: „Mit einem Gott, der den unschuldigen Menschen so leiden lässt, möchte ich nichts mehr zu tun haben." Andere stellen angesichts des Leids die Existenz Gottes ganz in Frage. Der australische Philosoph John Leslie Mackie (1917–1981) z. B. folgerte: „Ein vollkommen gutes und allmächtiges Wesen würde alle Übel vollständig beseitigen. Wenn es aber tatsächlich Übel gibt, kann es ein solches Wesen nicht geben."

Weil Gott nicht jedes Mal eingreift, wenn uns Böses widerfährt – indem er z. B. den Verursacher unmittelbar zu Rechenschaft zieht –, zitieren wir ihn vor Gericht wie einen Kriminellen. Und obwohl ein Beschuldigter sonst das Recht hat, die Aussage zu verweigern, machen wir Gottes Schweigen zum Bestandteil unserer Anklage. Ein ehrliches Verfahren bekommt er nicht; ohne Beweiserhebung sprechen wir ihn schuldig. Dabei sind *wir* es, die den eigentlichen Täter unbehelligt lassen oder ihn angesichts „mildernder Umstände" frei sprechen!

Aber wer ist der Täter?

Der Täter

Ein Sinnspruch aus einer Komödie des römischen Dichters Plautus (ca. 254–184 v. Chr.) bringt zum Ausdruck, was uns die Medien täglich bestätigen: „Homo homini lupus“ – „Der Mensch ist des Menschen Wolf“. Die Hauptverursacher für den leidvollen Zustand der Welt sind wir selbst. In einer Abhandlung über *Das Problem des Leidens* stellen die Professoren David Gooding und John Lennox fest: „Eine der schrecklichsten Arten des Leidens in der Welt wird durch die bestialische Grausamkeit gegenüber seinem Nächsten vom Menschen selbst verursacht: Unterdrückung, Krieg, Verfolgung, Folter und Völkermord.“[10]

Allein durch die Kriege, die der Mensch im 20. Jahrhundert vom Zaun gebrochen hat, verloren ca. 150 Millionen Menschen das Leben. Auch der Hunger in der Welt ist in erster Linie eine Folge kriegerischer Auseinandersetzungen und gezielter Ausbeutung. Obwohl auf unserem Planeten ausreichend Nahrungsmittel vorhanden wären und jeder neunte Mensch mit Übergewicht kämpft, legen sich ebenso viele jede Nacht mit knurrendem Magen schlafen.

Wir schauen tatenlos zu

Während wir Gott vorwerfen, *er* greife nicht ein, bleiben wir selbst passiv, wenn andere leiden. Das musste einst auch ein Reisender erfahren, der unter die Räuber gefallen war. Jesus Christus erzählt von ihm in Lukas 10,30-32:

„Die [Räuber] plünderten ihn aus, schlugen ihn blutig, ließen ihn halbtot liegen und gingen davon. Zufällig kam ein Priester jene Straße hinabgezogen und sah ihn liegen, ging aber vorüber. Ebenso kam auch ein Levit [d. i. ein Tempeldiener] an die Stelle und sah ihn, ging aber vorüber." (MeÜ)

Verhalten wir uns oft nicht genauso? Schüler werden gemobbt und in den Selbstmord getrieben, aber wir schreiten nicht ein; Halbwüchsige belästigen Passanten, während wir unbeteiligt vorübergehen; und unsere Alten vereinsamen und sterben allein. Jemand sagte einmal: „Wir haben gelernt, Leid gelassen zu ertragen, wenn es anderen zustößt." Weißt du, was Gott dazu sagt? Ich will es dir verraten: „Wer nun weiß, Gutes zu tun, und tut es nicht, dem ist es Sünde" (Jak 4,17).

Wir selbst sind der Feind

„Wir sind dem Feind begegnet – wir selbst sind es", heißt es in einem Zitat aus der Comicserie *Pogo*. Unsere Vergehen stehen zwar nicht in der Zeitung, aber wir sind doch Täter. Schon im Teenageralter bereiten wir unseren Eltern Kummer und brechen ihnen durch unser rebellisches Verhalten das Herz. Unsere Sticheleien machen unseren Klassenkameraden das Leben zur Hölle, sodass sie nur noch widerwillig zum Unterricht erscheinen. Wir quälen Ungeborene und töten sie im Leib ihrer Mutter, denn sie passen nicht zu unserem „Lebensentwurf". Und wir geloben einem Menschen die ewige Treue, „in guten und in schlechten Zeiten", um ihn dann doch für einen anderen sitzen zu lassen.

In unwürdiger Gesinnung verüben wir das, „was sich nicht geziemt, als solche, die voll sind von aller Ungerechtigkeit, Unzucht, Schlechtigkeit, Habsucht, Bosheit; voll Neid, Mordlust, Streit, Betrug und Tücke." Wir sind solche, „die Gerüchte verbreiten, Verleumder, Gottesverächter, Freche, Übermütige, Prahler, erfinderisch im Bösen, den Eltern ungehorsam; unverständig, treulos, lieblos, unversöhnlich, unbarmherzig" (Röm 1,28-31). Mit diesen wenig schmeichelhaften Worten beschreibt Gott uns in der Bibel – und trifft damit den Nagel auf den Kopf!

Wir leugnen unsere Verantwortung

Wir leben in einer Gesellschaft, in der angeblich nichts, was passiert, unsere eigene Schuld ist. „Der eigene Hund macht keinen Lärm. Er bellt nur", schrieb Kurt Tucholsky (1890–1935). Um von uns selbst abzulenken, klagen wir Gott an – „Die Torheit des Menschen verdirbt seinen Weg, und dann zürnt sein Herz gegen den HERRN" (Spr 19,3) – oder wir verweisen auf die Verfehlungen anderer, die mehr „Dreck am Stecken haben" als wir (meinen wir zumindest). Empört fordern wir die Hölle für Diktatoren, Drogendealer und Kinderschänder und vergessen dabei, dass ein gerechter

Gott auch uns richten muss. „Denkst du etwa, o Mensch, der du die richtest, welche so etwas verüben, und doch das Gleiche tust, dass du dem Gericht Gottes entfliehen wirst?" (Röm 2,3). „Denn alle haben gesündigt und erlangen nicht die Herrlichkeit Gottes" (Röm 3,23).

Eine Arbeitskollegin von mir kommentierte die Nachricht von der brutalen Ermordung eines entführten Jungen mit den Worten: „Dem Täter würde ich das Wort ‚Mörder' auf die Stirn tätowieren!" Tatsache ist: Jeder von uns müsste diese Tätowierung tragen, denn in unseren Gedanken haben wir nicht nur *einen* Menschen auf dem Gewissen (vgl. Mt 5,21-22). So manchen bösen Einfall haben wir nur deshalb nicht zur Ausführung gebracht, weil wir noch keine Gelegenheit dazu hatten. Der russische Schriftsteller und Dramatiker Alexander Solschenizyn (1918–2008) sagte:

„Wenn es nur böse Menschen gäbe, die irgendwo heimtückisch böse Taten begingen und es genügte, sie von uns anderen zu trennen und sie auszurotten! Doch die Trennlinie zwischen Gut und Böse verläuft mitten durch das Herz eines jeden menschlichen Wesens. Und wer ist schon dazu bereit, einen Teil seines eigenen Herzens zu zerstören?"[11]

Wir ernten, was wir säen

„Trifft uns ein Leid, so klagen wir's Schicksal an, und doch sind meist wir selber schuld daran" – so dichtete der deutsche Pädagoge Johann Dietrich Lüttringhaus (1814–1888). Nicht alles, aber doch *vieles* von dem, das wir erleiden, ist die Konsequenz unserer eigenen Entscheidungen. Die Bibel formuliert diese Gesetzmäßigkeit in Galater 6,7 mit den Worten: „Was der Mensch sät, das wird er auch ernten." Oft sind wir schockiert über das Ausmaß der Folgen, die kleine Fehlentscheidungen haben: *Ein* Bier zu viel kann einen Menschen das Leben kosten, *ein* Griff in die Vereinskasse einen Ruf für immer ruinieren und *ein* Seitensprung das Glück von zwei Familien zerstören.

Aber was ist mit dem Leid, das weder mit unserem eigenen Verhalten noch dem unserer Mitmenschen zusammenhängt? „Wie wollen wir das unerwartete Sterben so vieler Menschen erklären: … Wenn eine junge Mutter stirbt und ihren Mann mit vier kleinen Kindern zurücklässt. Den plötzlichen Herztod eines Arbeitskollegen oder die eigene unheilbare Krankheit. ... Wie oft stehen wir hilflos davor und finden keine Erklärung!"[12] Wie bei Steffi, die du auf den Seiten 19-35 kennengelernt hast. Sie kam mit einer unheilbaren Muskelerkrankung zur Welt und hat nichts getan, womit sie dieses Schicksal verdient hätte.

Erbkrankheiten, Tsunamis, Tornados und Vulkanausbrüche – es wäre absurd, würden wir die Ursache für dieses Unheil bei den Betroffenen selbst oder anderen Menschen suchen. Aber selbst hier gilt, wie du noch sehen wirst, das „Gesetz von Saat und Ernte". Denn der leidvolle Zustand der Welt ist die Folge einer verhängnisvollen Entscheidung, die der Mensch schon vor Generationen getroffen hat.

Der Fall

Am Anfang der Bibel, im 1. Buch Mose, lässt Gott uns wissen, auf welche Weise „Sand ins Getriebe" der Welt gekommen ist.

Im Paradies

Die ersten Menschen lebten in einem Paradies, in dem es weder Leid noch Schmerz gab (vgl. 1Mo 1,31). Auch auf die Gefahr hin, dass sie seine Schöpfung zerstören könnten, hatte Gott sie mit der Fähigkeit ausgestattet, Entscheidungen zu treffen. Sogar ihre Beziehung zu ihm beruhte auf Freiwilligkeit: Wollten sie auch weiterhin mit ihm leben, sollten sie nicht „von dem Baum der Erkenntnis des Guten und des Bösen" essen; täten sie es doch, so müssten sie „gewisslich sterben" (1Mo 2,16-17, SLT).

Der Teufel hatte seine Wahl schon getroffen – gegen Gott. „Keineswegs werdet ihr sterben!", belog er sie. „Sondern Gott weiß: An dem Tag, da ihr davon esst, werden euch die Augen geöffnet, und ihr werdet sein wie Gott und werdet erkennen, was Gut und Böse ist!" (1Mo 3,4-5). Das Unfassbare geschah: Die Menschen glaubten dem „Vater jeder

Lüge“ (Joh 8,44, NeÜ) mehr als Gott, übertraten sein Gebot und aßen von der verbotenen Frucht. Das war die erste Sünde, und mit ihr ergossen sich die Fluten des Leids über die Welt!

Kinder des Todes

Von jenem Moment an war das Paradies Geschichte. In Römer 5,12 erklärt der Apostel Paulus in Bezug auf die Ereignisse im „Garten Eden“ (1Mo 2,15), dass „durch einen Menschen die Sünde in die Welt gekommen ist und durch die Sünde der Tod.“ Genau das hatte Gott vorhergesagt (vgl. 1Mo 2,17). Der Mensch erlebte den Tod in mehrfacher Hinsicht:

- **geistlich:** Zunächst „starb“ seine Beziehung zu Gott. Eine unüberwindbare Kluft tat sich auf. „Eure Vergehen sind es, die eine Scheidung gemacht haben zwischen euch und eurem Gott“, heißt es in Jesaja 59,2, „und eure Sünden haben sein Angesicht vor euch verhüllt, dass er nicht hört”. Während die Menschen im Garten Eden in ungetrübter Gemeinschaft mit ihrem Schöpfer gelebt hatten, waren sie jetzt „entfremdet [...] dem Leben Gottes“ (Eph 4,18). Das gilt auch heute noch für jeden Menschen, der geboren wird.

- **körperlich:** „Der Tod ist ein Schatten, der unseren Körper beständig verfolgt”, heißt es in einem englischen Sprichwort aus dem 14. Jahrhundert. Seit dem Supergau von Eden werden wir schwach, krank und alt (vgl. 1Mo 3,19; 5,5). Kaum haben wir das Erwachsenenalter erreicht, beginnt unser Körper auch schon zu verschleißen – bis man eines Tages an unserem Grab die Worte Gottes zitiert: „Denn Staub bist du, und zum Staub wirst du zurückkehren!" (1Mo 3,19).

- **ewig:** Wer stirbt, hört nicht einfach auf zu existieren. Der Schreiber des Hebräerbriefes erklärt, dass „es den Menschen bestimmt ist, einmal zu sterben, danach aber das Gericht" (Hebr 9,27). Dann wird Gott tun, was wir immer wieder von ihm verlangen, und die Rebellion der Menschen gegen ihn wird ewige Konsequenzen haben: „Sie werden Strafe erleiden, ewiges Verderben, vom Angesicht des Herrn und von der Herrlichkeit seiner Kraft" (2Thess 1,9). „Es lebt ein Gott, zu strafen und zu rächen."[13]

Jenseits von Eden

Die Auswirkungen des Sündenfalls erstrecken sich nicht nur auf den Menschen, sondern auch auf den Herrschaftsbereich, den Gott ihm anvertraut hat (vgl. 1Mo 1,28). Das Stöhnen der Natur spiegelt unsere eigene Rebellion gegen Gott wieder. Der Virus

„Sünde 1.0“ hat sich ausgebreitet und „die ganze Welt [befindet sich] im Bösen“ (1Joh 5,19). „Denn wir wissen, dass die ganze Schöpfung mitseufzt und mit in Wehen liegt bis jetzt“, schreibt Paulus in Römer 8,22. „Küken fallen aus dem Nest, Mütter weinen um ihre Kinder.“[14] Wir leben in einer gefallenen Schöpfung, die „der Vergänglichkeit unterworfen“ ist (Röm 8,20).

Gesellschaft ohne Gott

Karl Carstens (1914–1992), der fünfte Präsident der Bundesrepublik Deutschland, brachte es auf den Punkt: „Die Ursache allen Übels auf unserer Erde ist der Abfall des Menschen von Gott.“ Schon bald nach dem Sündenfall geschah der erste Mord (vgl. 1Mo 4,8), und als Gott zur Zeit Noahs auf die Erde schaute, war sie „verderbt“ und „voll Gewalttat“ (1Mo 6,11-12). Tag für Tag bestätigen wir durch unser eigenes Verhalten die Wahl der ersten Menschen. Wir treten die Gebote Gottes mit Füßen und führen „unser Leben in den Begierden unseres Fleisches“ (Eph 2,3). Beispiele dafür findet du jeden Tag zuhauf in der Zeitung. Wir haben „den Teufel zum Vater“, wie Jesus in Johannes 8,44 sagt, und tanzen nach seiner Pfeife (vgl. 1Joh 3,8).

In einem Interview mit der Nachrichtensendung *CBS News* bemerkte der Schriftsteller Ben Stein (*1944): „Es ist komisch, wie einfach es für die Leute ist, Gott wegzuwerfen und sich dann darüber zu wundern, dass die Welt zur Hölle wird.“[15]

Die Fragen

„Der Kopf ist mehr als nur ein Trichter zum Magen", heißt es in einem Sprichwort. Gott hat uns mit einem Gehirn ausgestattet, das immerzu ergründen will, weshalb die Dinge so sind, wie sie sind. Die Frage nach dem Leid ist davon nicht ausgeschlossen.

In Daniel Defoes Klassiker *Robinson Crusoe* stellt der Eingeborene Freitag die Frage: „Wenn Gott sein viel stark, viel mehr stark als Teufel, warum Gott nicht töten Teufel, so der nicht machen noch mehr Böse?" Crusoe erwidert ihm: „Genauso gut könntest du fragen, warum Gott nicht dich und mich tötet, wenn wir etwas Böses tun, das ihn kränkt." – Defoe hat es richtig erkannt: Wir werfen Gott vor, dass er die Verursacher des Unheils nicht aus dem Verkehr zieht. Aber wir sollten nicht vergessen, dass auch *wir* davon profitieren. Denn würde er anders handeln, gäbe es uns nicht mehr.

Aber nicht zu jeder Frage gibt es eine Erklärung wie diese, die den Verstand befriedigt oder eine Bibelstelle, die unsere Theologie wieder ins Lot rückt. Selbst im Buch *Hiob*, in dem es in 42 langen Kapiteln um das Leid geht, finden wir auf viele Fragen, die uns plagen, keine Antwort: Warum z. B. hat Gott den Teufel geschaffen und ihm erlaubt, sich gegen ihn aufzulehnen? Warum konnte Satan den Garten Eden betreten und die Menschen verführen?

Und warum darf dieser noch heute seine finsteren Werke auf Erden ausführen (vgl. Hi 1,7)?

Wir haben (k)ein Recht auf Information

Und doch wollen wir alles wissen und erklärt bekommen. Auf der Internetseite der Bundesregierung heißt es: „Jeder Bundesbürger hat das Recht auf Information!“[16] Die Zeitungen berichten über Angela Merkels Urlaub in Südtirol, Jimmy Carters Hämorrhoiden und Bruce („Caitlyn“) Jenners Sexualleben. Angesichts dieser medialen Offenherzigkeit erscheint es Vielen nicht akzeptabel, dass Gott nur solche Informationen weitergibt, die wir brauchen und verstehen können. Der irische Schriftsteller C. S. Lewis (1898–1963) machte die Erfahrung:

„Wenn ich diese Frage [nach dem Leid] Gott vorlege, bekomme ich keine Antwort. Aber eine besondere Art von ‚keine Antwort'. Nicht die verschlossene Tür. Eher etwas wie einen stummen Blick, bestimmt nicht ohne Mitgefühl. Als schüttle er das Haupt, nicht als Weigerung, sondern als ein Zurückstellen der Frage. Etwa: ‚Sei ruhig, Kind; das verstehst du nicht.'“[17]

Wir müssen nicht alles wissen

Mit vielen Antworten, die wir so vehement bei Gott einfordern, könnten wir wahrscheinlich nichts anfangen. „So hoch der Himmel über der Erde ist, so viel höher sind meine Wege als eure Wege und meine Gedanken als eure Gedanken", sagt er in Jesaja 55,9. Wir wissen nicht, warum Gott in manchen Situationen unser Bitten im Blick auf eine spezielle Not erhört, während er es ein andermal zulässt, dass das Problem bestehen bleibt (vgl. 2Kö 20,5; 2Kor 12,8-9). Der Bibellehrer William MacDonald (1917–2007) erklärt dazu: „Grundsätzlich antwortet Gott immer genau in der Weise auf Gebet, wie wir es täten, wenn wir seine Weisheit, Liebe und Allmacht besäßen"[18] – doch bei allen drei Eigenschaften müssen wir passen. In unserem Verstehen gleichen wir einer Fliege, die auf einem Relief im Inneren einer Kathedrale krabbelt:

„Was weiß das winzige Insekt schon von dem prachtvollen Design des Architekten? Es sieht nur die kleine Steinfläche, auf der sie sich bewegt. Die wunderschönen Schnitzereien und Verzierungen erscheinen ihr wie sich auftürmende Berge und tiefe Täler, die lediglich das Vorankommen erschweren und die Sicht versperren. – [Auch wir] sehen nur unsere unmittelbaren Umstände und nehmen nur ein Schimmern von Gottes wunderbaren Absichten wahr."[19]

Gott hat das Universum ganz gut im Griff, obwohl du nicht für alles eine Erklärung parat hast – das macht er auf den letzten Seiten des Buches Hiob deutlich: „Worauf sind [die] Sockel [der Erde] eingesenkt?" (Hi 38,6), fragt er den leidenden Patriarchen. Und: „Wo ist denn der Weg dahin, wo das Licht wohnt? Und die Finsternis – wo ist denn ihre

Stätte?" (Hi 38,19). Hiob zerbricht sich nicht unaufhörlich den Kopf über diese Dinge. Gott weiß, was er tut, und damit ist Hiob zufrieden. Sollte er – solltest du – es in Bezug auf die Frage nach dem Leid nicht ebenfalls sein?

Aber Gott *hat* eine Antwort auf das Leid des Menschen gegeben – eine Antwort, die zur Zeit Hiobs noch ausstand ...

Die Antwort

„Heilig ist der HERR" (Ps 99,9). „Er wird richten die Welt in Gerechtigkeit" (Ps 9,9) und „einem jeden vergelten [...] nach seinen Werken" (Röm 2,6). Manchmal bekommt ein Mensch dies schon zu Lebzeiten zu spüren, wenn Gott entweder direkt eingreift (z. B. 2Mo 32,35) oder es zulässt, dass ein Sünder „den gebührenden Lohn" für seine Fehltritte am eigenen Leib erfährt (Röm 1,27). Zuletzt wird er „hingehen zur ewigen Strafe" (Mt 25,46). In Gottes Himmel ist kein Platz für das Böse und die, die es verursachen. „Was unsere Natur hervorbringt, ist offensichtlich: sexuelle Unmoral, Unsittlichkeit und Ausschweifung, Götzendienst und Zauberei, Feindseligkeit, Streit und Eifersucht, Zornausbrüche, Intrigen, Zwistigkeiten und Spaltungen, Neidereien, Sauforgien, Fressgelage und ähnliche Dinge. [...]Wer so lebt, wird in Gottes Reich keinen Platz haben" (Gal 5,19-21, NeÜ). Wenn du auch nur mit *einer* dieser Sünden in die Ewigkeit gehst, dann bist du nicht auf dem Weg zum Himmel, sondern einem anderen Aufenthaltsort: der Hölle (vgl. Lk 12,5).

Du fragst: „Wie kann ein liebender Gott Menschen in die Hölle schicken?" Er tut es nicht. Wer in die Hölle geht, geht freiwillig. Denn es *gibt* eine Alternative, einen Ausweg, einen Weg zu Gott, der allen Sündern offensteht. Er ist schmal, und „wenige sind es, die ihn finden" (Mt 7,13-14) – aber es gibt ihn. Dieser Weg ist Jesus Christus. In Johannes 14,6 sagt er über sich: „Ich bin der Weg und die Wahrheit und das Leben; niemand kommt zum Vater als nur durch mich!" *Jesus* ist Gottes Antwort auf die Sünde des Menschen und die Not, die sie über uns gebracht hat.

Schauen wir uns an, weshalb das so ist.

Gott bezahlt

„Gott ist Liebe" (1Joh 4,8) und will, „dass alle Menschen gerettet werden" (1Tim 2,4) – auch du. Deshalb beschloss er, die Strafe, die du für deine Sünden verdient hättest, selbst zu bezahlen. In der Person von Jesus Christus wurde er Mensch (vgl. Joh 1,14), lebte „heilig, unschuldig, unbefleckt, abgesondert von den Sündern" (Hebr 7,26) – und ließ sich am Ende seines Lebens „zur sogenannten Schädelstätte" (Joh 19,17) führen. Als dein Stellvertreter hing er am Kreuz, „um die Sünden vieler auf sich zu nehmen" (Hebr 9,28). Der Prophet Jesaja erklärt:

„Unsere Leiden – er hat [sie] getragen, und unsere Schmerzen – er hat sie auf sich geladen. Wir aber, wir hielten ihn für bestraft, von Gott geschlagen und niedergebeugt. Doch er war durchbohrt um unserer Vergehen willen, zerschlagen um unserer Sünden willen“ (Jes 53,4-5).

Gott beschenkt

„Geschenke locken, heißt's, die Götter selbst“, behauptete der griechische Tragödiendichter Euripides (480–407 v. Chr.). Die Gunst des lebendigen Gottes aber ist nicht käuflich. Vielmehr will er *dich* beschenken, wenn du zu ihm kommst. „Denn aus Gnade seid ihr errettet durch den Glauben, und das nicht aus euch – Gottes Gabe ist es; nicht aus Werken, damit niemand sich rühme“ (Eph 2,8).

Ein Geschenk gehört dir in dem Augenblick, in dem du es in Empfang nimmst. So ist es auch mit der Erlösung: Du setzt dein Vertrauen auf Jesus und bekommst ...

- **Vergebung der Sünden:** „Vergebung ist immer kostenlos“, erklärt der Autor Erwin Lutzer. „Aber das bedeutet nicht, dass das Bekennen [der Sünde] immer leicht ist.“ Trotzdem lohnt es sich, reinen Tisch mit Gott zu machen und ihm voller Reue alle Sünden zu gestehen. Denn auf die Trauer über die Sünde folgt die Freude der Vergebung! „Wenn wir unsere

Sünden bekennen, so ist er treu und gerecht, dass er uns die Sünden vergibt“ (1Joh 1,9) – alle Sünden, die der Vergangenheit, Gegenwart und Zukunft. Es gibt „keine Verdammnis mehr für die, die in Christus Jesus sind“ (Röm 8,1). Die Trennung zwischen Gott und Mensch ist überwunden!

- **neues Leben:** Der Glaube an Christus vermittelt neues, ewiges Leben (vgl. Joh 3,3; 10,28). Gott gibt dir „ein neues Herz“ (Hes 36,26), das nicht mehr sündigen will. „Ist jemand in Christus, so ist er eine neue Schöpfung; das Alte ist vergangen; siehe, es ist alles neu geworden“ (2Kor 5,17). Du legst „den alten Menschen [ab]“ (Eph 4,22), der ein Spielball der Sünde ist (vgl. Röm 6,16), und ziehst Christus an (vgl. Gal 3,26-27), um von nun an „in Neuheit des Lebens [zu] wandeln“ (Röm 6,4).

- **den Himmel:** John Newton (1725–1807) war ein ehemaliger Sklavenhändler, der zu Jesus Christus gefunden hatte. Seine letzten Worte waren: „Jetzt bin ich noch im Land der Sterbenden, aber schon bald komme ich ins Land der Lebendigen.“ Das gilt für alle Christen, die das Tor zur Ewigkeit durchschreiten. Auf sie wartet nicht die Hölle, sondern Gottes

Himmel. Dort wird Gott „die Tränen abwischen von jedem Gesicht“ (Jes 25,8). Es gibt kein Leid der Erde, das der Himmel nicht heilen könnte.

Die Entscheidung

Vielleicht hast du bisher ohne Gott gelebt und dir ist klar geworden, dass du viel Leid über dich selbst und andere gebracht hast. Dann gib deinem Leben *jetzt* eine andere Richtung! In Jesaja 55,7 heißt es:

„Der Gottlose verlasse seinen Weg und der Mann der Bosheit seine Gedanken! Und er kehre um zu dem HERRN, so wird er sich über ihn erbarmen, und zu unserem Gott, denn er ist reich an Vergebung!“

Bist du bereit, diesen Schritt zu tun? Dann sprich jetzt mit Jesus Christus. Sag ihm deine Sünden. Nimm seine Vergebung in Anspruch. Gib dein Leben in seine Hand. Und schütte dein Herz vor ihm aus. Bei ihm – und *nur* bei ihm – findest du Vergebung der Sünden, ewiges Leben, eine lebendige Hoffnung und echten Trost!

„Auf einem Friedhof in der Nähe von New York steht ein Grabstein, auf dem neben dem Namen des Verstorbenen nur ein einziges Wort eingraviert ist: VERGEBEN. Nur diese einfache, nüchterne Aussage. Kein Geburts- oder Todesdatum, keine Grabschrift. Nur ein Name und das Wort *vergeben*.

Und doch ist es das beste Wort, das man über einen Menschen sagen oder auf einen Grabstein meißeln könnte. Der Psalmist sagte zu Gott: ‚Bei dir ist die Vergebung, damit man dich fürchte' (Ps 130,4) – ein Refrain, der sich durch das ganze Alte und Neue Testament hindurchzieht. Gott wird geehrt und angebetet, weil nur *er* unsere Rechnung begleichen kann. Würde er uns nicht vergeben, müssten wir entsetzt vor ihm fliehen. Aber der Gott, dessen Heiligkeit uns so bedrohlich erscheint, ist derselbe, der uns auch durch Christus erlöst. Dieser gefährliche Gott bietet uns Vergebung an für alle unsere Sünden. Wir müssen ihn nur darum bitten. – Wurde *dir* schon vergeben?"[20]

Wenn Sie selbst in einer schweren Lebenssituation einen Ansprechpartner suchen, dürfen Sie sich gerne an uns wenden:

Christliche Verlagsgesellschaft mbH
Moltkestraße 1
35683 Dillenburg

E-Mail: info@cv-dillenburg.de

ENDNOTEN

1 Eva Fellingers Lebensgeschichte kannst du nachlesen in: *Wenn Gott frei macht*, Christliche Literatur-Verbreitung, Bielefeld, 2. Auflage, 2000, S. 83-101
2 Hahne, Peter, *Leid: Warum lässt Gott das zu?*, Hänssler-Verlag, Neuhausen-Stuttgart, 16. Auflage 1996, S. 43
3 nach: Bosch, Henry G., *Comforted By God*, Our Daily Bread, Michigan, 12.11.1990
4 Gschwendtner, Günter, *Vergänglich*, in: Wege durch das Leiden (CD), Christliche Verlagsgesellschaft, Dillenburg, 2000
5 nach: Egner, David, *Let Go!*, Our Daily Bread, Grand Rapids, 27.7.1999
6 Güthler, Peter, *Aufbruch in ein neues Leben*, Christliche Verlagsgesellschaft, Dillenburg, 2003
7 Bühne, Wolfgang, *Kann denn Liebe Sünde sein?*, Christliche Literatur-Verbreitung e. V., Bielefeld, 2001
8 Lewis, C. S., *Über die Trauer*, Insel Verlag, Frankfurt/Main und Leipzig, 2009, S. 46
9 *Hildebrandt – 30 Jahre sanfte Anarchie*, Der Spiegel, 37/1986
10 Gooding, David; Lennox, John, *Das Problem des Leidens*, in: Gemeinde und Mission, Salzburg, Nr. 14, 2. Ausgabe 1998, S. 3

11 zitiert in: Benecke, Mark; Benecke, Lydia, *Aus der Dunkelkammer des Bösen*, Bastei Lübbe AG, Köln, 2011

12 Hahne, Peter, *Leid – Warum lässt Gott das zu?*, Hänssler-Verlag, Neuhausen-Stuttgart, 16. Auflage 1996, S. 44

13 Johann Christoph Friedrich von Schiller (1759–1805)

14 Elliot, Elisabeth, *Gott lässt schreckliche Dinge geschehen*, in einem Interview mit Idea Spektrum 4/2000, S. 19

15 http://www.snopes.com/politics/soapbox/confessions.asp, Abrufdatum 27.6.2015

16 http://www.bundesregierung.de/Content/DE/StatischeSeiten/Breg/Bundespresseamt/bundespresseamt-verfassungsrechtliche-grundlagen.html, Abrufdatum 11.07.2015

17 Lewis, C. S., *Über die Trauer*, Insel Verlag, Frankfurt/Main und Leipzig, 2009, S. 76-77

18 MacDonald, William; Knott, Carl T., *Nur bis zur Zimmerdecke? Gedanken zum Gebet*, Christliche Literatur-Verbreitung e. V., Bielefeld, 3. Auflage 2010, S. 23

19 Bosch, Henry G., *God's Ways*, Our Daily Bread, Grand Rapids, 4.4.1995

20 Robinson, H. W., *Forgiven*, Our Daily Bread, Grand Rapids, 8.5.1993

Peter Güthler
Aufbruch in ein neues Leben
Einführungskurs zu den Grundlagen des christlichen Glaubens

Könnte ja sein, dass es Gott wirklich gibt. Könnte ja sein, dass die Bibel mehr ist als ein altes Buch. Könnte ja sein, dass es nach dem Tod weitergeht. Könnte ja sein ...

Geheftet., 20 Seiten
DIN-A5
Bestellnummer: 272.751

Irmgard Grundwald
Auf der Suche nach dem Sinn im Leid

„Warum lässt Gott das zu? Diese Frage ist so alt wie die Menschheit und drängt sich immer auf, wenn wir oder andere von Krankheit, Tod oder Nöten getroffen werden. Auf der Suche nach Antworten richtet die Autorin den Blick auf die Bibel und findet eine erstaunliche Perspektive.

Taschenbuch, 192 Seiten
11 x 18 cm
Bestellnummer: 271.127
ISBN: 978-3-86353-127-0